영혼을 살리는 설교 3

돈과 재산

목차

서문 •————————————————————

세상의 가치관과 성경의 가르침은 다르다. 세상이 보편적으로 옳다고 여기는 것 중에는 성경적으로 죄인 경우가 많다. 세상은 동성연애를 인정하지만 성경은 죄로 규정한다. 세상은 술집에서 술을 마시고 즐기는 것을 사회적인 문화로 인정한다. 그러나 성경은 방탕한 죄로 간주한다.

물론 세상의 가치와 성경의 가치가 모두 다른 것은 아니다. 동일한 것도 있다. 세상의 윤리는 부모를 공경하라고 가르친다. 성경에도 부모를 공경하라는 법이 있다. 세상의 법은 도둑질하지 말라고 한다. 성경도 도둑질하지 말라고 가르친다.

이처럼 세상의 문화와 가치는 성경과 동일한 것도 있고 다른 것도 있다. 그 중에서도 세상과 성경 사이에 가장 확연하게 다른 것이 하나 있다. 이 둘은 다르다고 하기 보다는 정 반대라고 하는 것이 더 정확한 표현일 것이다.

그것은 돈에 대한 가르침이다. 세상과 성경이 돈에 대하여 어떻게 판단하는지 비교해보겠다. 돈은 세상이 가장 소중하게 여기는 것이다. 인간들이 가장 사랑하는 것이 돈이다. 세상은 큰 돈을 벌어 부자가 되려는 욕심을 당연한 것으로 여긴다. 부자를 목표로 살아가는 사람을 좋게 여긴다. 저축하는 것을 선으로 여긴다.

반면에 성경은 돈 욕심을 갖지 말라고 한다. 돈을 사랑하는 것이 일만 악의 뿌리라고 한다. 저축을 하지 말라고 한다. 먹고 입는 것으로 만족하고 남는 것은 모두 가난한 자에게 주라고 한다. 사람의 생명이 그 소유의 넉넉함에 있지 않다고 한다. 부자는 천국에 들어가

4

기 어렵다고 한다. 하나님과 재물을 함께 섬기지 못한다고 한다.

이처럼 돈에 대한 세상의 가치와 성경의 가치는 극단적으로 대치된다. 그리하여 믿는 자들도 돈에 대한 믿음 생활이 혼란스럽다. 믿는 자들도 세상의 가치관과 자신의 욕심이 결합되어 돈에 대하여 성경 말씀대로 행하지 않는다. 돈을 사랑한다. 저축을 한다. 하나님께 바치는데 인색하다.

믿는 자들이 돈에 대해 성경과 반대되는 삶을 사는 가장 큰 이유 중에 하나는 목사들이 그렇게 가르치기 때문이다. 목사들도 그렇게 살고 있기 때문이다. 장님이 장님을 인도하는 것이다.

현대의 부유한 나라에 사는 믿는 자들이 지옥을 간다면 가장 큰 이유가 돈 때문일 것이다. 이들은 돈에 대한 하나님의 가르침대로 살지 않는다. 다른 모든 것은 말씀대로 살더라도 재물에 관한한 반대로 산다. 이들은 구원받지 못한다.

이들은 부자가 천국에 가는 것이 낙타가 바늘 귀로 들어가는 것보다 어렵다는 주님의 말씀을 농담으로 여기는 사람들이다. 이들은 장인의 말을 농담으로 여긴 롯의 사위들처럼 구원받지 못한다.

이 책은 돈에 대하여 가르치고 있다. 이 책은 재물에 관한 성경의 모든 말씀을 한데 모았다. 이 책은 예수를 믿음에도 돈을 사랑하여 멸망으로 가는 많은 사람들을 깨울 것이다.

돈에 대하여 잘 못 배우고 돈을 사랑한 죄를 회개하게 할 것이다. 이 책의 독자들은 한 사람도 돈 때문에 구원을 잃는 사람이 없을 것이다. 이 책을 통하여 역사하는 성령께서 그렇게 인도할 것이다.

영혼을 살리는 설교 3

I
재물을 쌓지 말라

1

지옥 가는 부자들

"이 세상이나 세상에 있는 것들을 사랑하지 말라 누구든지 세상을 사랑하면 아버지의 사랑이 그 안에 있지 아니하니" "이는 세상에 있는 모든 것이 육신의 정욕과 안목의 정욕과 이생의 자랑이니 다 아버지께로부터 온 것이 아니요 세상으로부터 온 것이라" "이 세상도, 그 정욕도 지나가되 오직 하나님의 뜻을 행하는 자는 영원히 거하느니라" (요한일서 2:15-17).

내가 아는 어떤 한 부자가 있었습니다. 이 사람은 오래 전에 죽었는데 죽은 후에 지옥을 갔습니다. 내가 지옥을 간 이 부자를 안다고 하는 것은 개인적으로 아는 사람이라는 뜻은 아닙니다. 내가 이 부자를 잘 아는 이유는 이 부자가 매우 유명한 사람이기 때문입니다. 이 부자는 너무 유명하여 죽은 후에 지옥을 간 사실과 그 이유까지 세상에 알려졌습니다. 이 사람이 지옥을 간 사실과 이유를 밝힌 책이 출간되었기 때문입니다.

이 책에는 이 부자가 지옥을 가게 된 이유를 소개하는 데 그 이유가 매우 충격적입니다. 지금부터 이러한 충격적인 내용에 대하여 여러분과 잠시 나누어 보겠습니다. 이 책의 저자는 이 사람의 부유함을 이렇게 표현하였습니다. 누가복음 16장 19절을 보겠습니다.

"한 부자가 있어 자색 옷과 고운 베옷을 입고 날마다 호화롭게 즐기더라"
(눅 16:19).

이 짧은 문장에 이 사람이 얼마나 부유한지, 얼마나 사치스럽게
살았는지 잘 나타나 있습니다. 고대에 자색 옷과 고운 베옷은 고급
의류를 상징하는 것으로 지금의 명품 옷과 같은 것입니다. 이 사람
은 명품 디자이너 옷을 입고 호화롭게 인생을 즐기며 살았습니다.

그러나 돈이 많다고 이 땅에서 영원히 살 수는 없습니다. 명품 옷
을 입고 고급 승용차를 타고 맨션에서 호화롭게 사는 사람도 죽습
니다. 사글세 집에서 겨우 연명하며 최저 생계비로 사는 사람도 죽습
니다. 사람이 죽는 것은 정해진 이치이고 그 후에는 심판이 있습니
다. 히브리서 9장 27절을 보겠습니다.

"한번 죽는 것은 사람에게 정해진 것이요 그 후에는 심판이 있으리니" (히
9:27).

이 유명한 부자도 죽었고 죽은 후에 심판을 받았습니다. 누가복
음 16장 22절에서 24절까지를 보겠습니다.

"이에 그 거지가 죽어 천사들에게 받들려 아브라함의 품에 들어가고 부자
도 죽어 장사되매" "그가 음부에서 고통 중에 눈을 들어 멀리 아브라함과
그의 품에 있는 나사로를 보고" "불러 이르되 아버지 아브라함이여 나를
긍휼히 여기사 나사로를 보내어 그 손가락 끝에 물을 찍어 내 혀를 서늘

하게 하소서 내가 이 불꽃 가운데서 괴로워하나이다"(눅 16:22-24).

이 부자는 죽어서 심판을 받았는데 지옥으로 갔습니다. 지옥은 유황불이 있는 곳입니다. 그 유황불 가운데서 괴로워하고 있습니다. 그렇다면 이 부자가 얼마나 악해서 지옥의 형벌을 받은 것일까요? 가난한 자를 착취하여 돈을 벌었을까요? 도둑질로 돈을 모았을 까요? 평소에 행실이 악했을 까요? 바알 같은 우상을 섬겼을까요?
누가복음 16장 25절을 보겠습니다.

"아브라함이 이르되 얘 너는 살았을 때에 좋은 것을 받았고 나사로는 고난을 받았으니 이것을 기억하라 이제 그는 여기서 위로를 받고 너는 괴로움을 받느니라"(눅 16:25).

이 부자가 죽어서 지옥을 가게 된 이유가 매우 충격적입니다. 이부자가 지옥 유황불에서 고통을 받는 이유가 살았을 때에 좋은 것을 받았기 때문입니다. 이 부자가 죽은 후 지옥을 간 이유는 특별히 악행을 하였다든가 우상을 섬겼기 때문이 아닙니다. 살았을 때에 단지 부를 쌓고 누렸기 때문입니다.
이것은 매우 충격적이고 놀랄 만한 진리입니다. 현대를 사는 부자 크리스천들이 가슴을 쓸어내리며 두렵고 떨리는 마음으로 받아야 할 말씀입니다. 그럼에도 불구하고 이 진리의 말씀이 거슬리는 사람들이 있을 것입니다.
그들은 아마도 이러한 질문을 하고 싶을 것입니다. 살았을 때에도 좋은 것을 받고 죽은 후에도 천국을 갈 수는 없냐는 질문입니다. 그러한 질문에 성경은 매우 분명하게 아니라고 말씀합니다.

사람들이 이러한 질문을 하는 이유는 첫째, 교회에서 잘 못 배웠기 때문입니다. 둘째, 마음에 욕심이 있기 때문입니다. 현대의 교회는 이 땅에서도 잘 먹고 잘 살다가 죽어서도 천국을 가라고 가르칩니다. 불가능한 것을 가르치고 있습니다.

교회가 이렇게 가르치는 것은 교인들의 욕심에 기름을 더욱 붓는 격입니다. 욕심을 갖지 말고 먹고 입는 것으로 만족하라고 성경대로 가르쳐도 잘 듣지 않는 세대들에게 오히려 탐심을 조장하는 것입니다.

성경은 살았을 때에 좋은 것을 받은 사람은 천국에 갈 수 없다고 분명하게 말하고 있습니다. 예수님도 그렇게 설교하였습니다. 예수님은 "네 소유를 모두 팔아 가난한 자에게 주고 자신을 따르라"고 가르쳤습니다. 그리고 예수님의 제자들은 모두 그렇게 하였습니다. 그리하였더니 예수님은 제자들이 모두 천국을 갈 것이라고 말씀하였습니다. 마태복음 19장 27절, 28절을 보겠습니다.

"이에 베드로가 대답하여 이르되 보소서 우리가 모든 것을 버리고 주를 따랐사온대 그런즉 우리가 무엇을 얻으리이까" "예수께서 이르시되 내가 진실로 너희에게 이르노니 세상이 새롭게 되어 인자가 자기 영광의 보좌에 앉을 때에 나를 따르는 너희도 열두 보좌에 앉아 이스라엘 열두 지파를 심판하리라" (마 19:27-28).

베드로가 자신들이 소유를 모두 버리고 주님을 따르고 있는데 거기에 합당한 보상으로 무엇을 얻을 수 있는지 주님께 물었습니다. 그러자 주님은 이들에게 천국에서 열두 지파를 심판하는 자리에 앉을 것이라고 말씀하였습니다.

소유를 버리고 주를 따르면 죽은 후에 천국을 간다는 뜻입니다. 이 말씀을 다르게 풀면 살아있는 동안 소유를 쌓고 누리면 천국을 가지 못한다는 의미입니다. 천국을 가지 못하면 지옥을 가는 것입니다.

주님과 제자들의 이 짧은 대화는 살았을 때에 좋은 것을 받고 누린 후 죽어서 지옥의 유황불 가운데서 괴로움을 당하는 부자의 이야기가 실화인 것을 다시 한번 확인해 줍니다.

그렇다면 사람들이 살아서 좋은 것을 누리려는 마음은 어디에서 오는 것일까요? 이러한 마음은 결국 지옥으로 인도되는데, 이렇게 멸망으로 가게 하는 마음이 어떻게 들어오는 것일까요? 믿지 않는 사람들은 원래 본능을 쫓고 육적인 것을 추구하므로 돈을 사랑하고 부와 명예를 누리는 삶을 원합니다. 그러나 믿는 사람들은 그렇게 살지 말 것을 성경이 가르치고 있음에도 부자가 되어 누리려고 하는 이유가 무엇일까요?

믿는 자들이 부하려는 마음을 갖게 되는 이유는 사탄이 그러한 욕심을 넣어 주기 때문입니다. 인류 최초의 죄도 사탄이 인간에게 욕심을 갖도록 유혹한 것입니다. 하와가 하나님의 말씀을 어기고 사탄에게 속아 죄를 지은 이유는 사탄이 인간의 본성인 욕심을 자극하였기 때문입니다. 성경은 욕심을 내지 말라고 가르치고 사탄은 욕심을 내라고 속삭입니다.

창세기 3장 2절에서 6절까지를 보겠습니다.

"여자가 뱀에게 말하되 동산 나무의 열매를 우리가 먹을 수 있으나" "동
산 중앙에 있는 나무의 열매는 하나님의 말씀에 너희는 먹지도 말고 만지
지도 말라 너희가 죽을까 하노라 하셨느니라" "뱀이 여자에게 이르되 너
희가 결코 죽지 아니하리라" "너희가 그것을 먹는 날에는 너희 눈이 밝아
져 하나님과 같이 되어 선악을 알 줄 하나님이 아심이니라" "여자가 그 나
무를 본즉 먹음직도 하고 보암직도 하고 지혜롭게 할 만큼 탐스럽기도 한
나무인지라 여자가 그 열매를 따먹고 자기와 함께 있는 남편에게도 주매
그도 먹은지라" (창 3:2-6).

하와는 선악과를 먹으면 죽는다는 하나님의 말씀을 알고 있었습
니다. 그럼에도 뱀이 달콤한 말로 속삭이자 솔깃하여 졌습니다. 뱀
은 선악과를 먹어도 죽지 않는다고 말합니다. 뱀은 하나님의 말씀이
틀렸으니 자신의 말을 들으라고 한 것입니다.

그런데 하와는 뱀의 말이 더 좋게 여겨졌습니다. 귀를 간지럽게 하
니 너무 좋았던 것입니다. 본성으로 있던 욕심에 발동이 걸린 것입니
다. 그리하여 먹으면 죽는다고 한 하나님의 말씀을 무시하고 선악과
를 먹었습니다.

지금 이 말씀을 현대의 교인들에게 적용해보겠습니다. 성경은 소
유를 팔아 가난한 자에게 주고 살아있을 동안에는 부를 쌓고 누리
는 것을 자제하라고 가르칩니다. 그렇지 않으면 천국에 들어가지 못
한다고 말씀하고 있습니다.

그런데 사탄은 교인들에게 살았을 때에 부를 쌓고 누리라고 말합니다. 이 땅에서 부와 명예를 마음껏 누려도 천국을 갈 수 있다고 말합니다. 지금 많은 교인들이 이러한 사탄의 달콤한 꼬임에 넘어가 멸망의 길을 가고 있습니다. 태초에 하와가 뱀에게 속아서 지은 동일한 죄를 지금 교회가 짓고 있습니다.

사탄은 크게 세 가지의 욕망을 자극하여 인간들을 파멸로 몰아갑니다.

첫째는 안목의 정욕입니다. 사탄은 보이는 것으로 유혹합니다. 좋은 옷과 근사한 자동차, 고급 맨션를 보여주고 그것을 사고 싶게 합니다. 사람들은 눈에 보기에 좋으므로 그것을 소유하고 싶어합니다. 그리하여 가난한 자에게 주어야 할 돈으로 그러한 것들을 구입합니다. 이것은 하와가 선악과가 보암직하여 따 먹은 것과 같은 원리로 죄를 짓는 것입니다.

둘째는 육신의 정욕입니다. 사탄은 식탐과 성적인 욕구로 유혹합니다. 사람은 육체를 입었고 그 육체는 본능적으로 필요한 욕구가 있습니다. 이것은 창조 원리이고 자연스러운 일입니다. 그러나 하나님은 이러한 본능적인 욕구를 절제하라고 가르칩니다. 짐승은 본능대로만 행하도록 지어졌지만 인간은 절제할 수 있도록 지어졌습니다.

그럼에도 불구하고 인간들은 먹고 마시는 욕심을 절제하지 못합니다. 그리하여 값비싼 음식을 먹고, 과식을 하고 과음하여 술에 취하기도 합니다. 성적인 욕구를 절제하지 못하여 음란의 죄에 빠집니다. 이러한 죄는 하와가 선악과가 먹음직하여 죄를 지은 것과 같은 것입니다.

셋째는 이생의 자랑입니다. 사탄은 명예, 좋은 학벌, 높은 사회적 지위 등 출세를 하고 싶은 마음을 갖도록 유혹합니다. 이러한 것들은 다른 사람들에게 좋은 자랑거리이며 스스로도 자부심을 갖게 하는 것입니다. 물론 명예를 갖고 좋은 문벌과 이력을 갖추는 것이 잘 못된 것은 아닙니다. 이러한 것들은 하나님의 영광을 위하여 주어진 다면 좋은 것입니다.

그러나 스스로를 높이고 자랑하는 수단으로 이러한 좋은 스펙들을 쌓으려 한다면 그 사람은 교만해지고 결국에 죄를 짓게 됩니다. 이것은 하와가 하나님처럼 지혜롭게 되려는 교만한 마음으로 선악 과를 먹은 것과 같은 죄를 짓는 것입니다.

사탄이 인간의 욕심을 타고 역사하는 세 종류의 죄를 살펴보았습니다. 그것은 안목의 정욕, 육신의 정욕, 이생의 자랑입니다. 성경은 이 세 가지를 죄로 정의합니다. 그러나 세상에서는 일반적으로 통용되는 보편적인 가치입니다.

세상은 돈을 많이 벌어서 부와 명예를 갖고 호화롭게 사는 것을 죄로 여기지 않을 뿐더러 오히려 좋게 여깁니다. 그러므로 대부분의 인간들은 이러한 것을 쫓아 삽니다. 세상은 이들의 식탐, 옷탐, 차탐, 집탐, 음탐 등 온갖 욕망을 충동케 하는 것으로 채워져 있습니다.

그러나 모든 인간이 구원받기를 원하는 하나님은 이러한 세상으로부터 돌아설 것을 명령합니다. 왜냐하면 거기에는 하나님의 사랑이 없기 때문입니다.

본문 말씀 중 요한일서 2장 15절, 16절을 보겠습니다.

"이 세상이나 세상에 있는 것들을 사랑하지 말라 누구든지 세상을 사랑하면 아버지의 사랑이 그 안에 있지 아니하니" "이는 세상에 있는 모든 것이 육신의 정욕과 안목의 정욕과 이생의 자랑이니 다 아버지께로부터 온 것이 아니요 세상으로부터 온 것이라" (요일 2:15-16).

이 구절은 두 가지를 사랑하지 말라고 합니다. 하나는 세상이고 다른 하나는 세상에 있는 것입니다. 실제로 이 두 가지는 같은 의미인데 강조를 하기 위하여 반복한 것입니다. 그리고 세상 안에 있는 것들이 무엇인지를 말씀합니다. 그것은 지금까지 설명했던 세 가지입니다. 육신의 정욕과 안목의 정욕과 이생의 자랑입니다.

여기서 주목할 만한 단어가 하나 있습니다. 그것은 "모든 것"이라는 단어입니다. 세상에 있는 것들의 일부도 아니고 대부분도 아니고 모든 것이 이 세 가지의 욕심으로 이루어졌다고 말씀합니다.

세상에는 하나님 아버지로부터 온 것은 도무지 없으니 세상을 사랑하지 말라는 것입니다. 세상을 사랑하면 하나님을 사랑할 수 없다는 것입니다. 이 말씀은 하나님과 재물을 함께 섬길 수 없다는 주님의 가르침과 일맥상통하는 것입니다.

세상에는 이 세 가지의 욕망을 모두 채워 줄 수 있는 수단이 하나 있습니다. 사람들은 이 것 하나면 단 번에 인간의 모든 정욕을 실현할 수 있다고 믿습니다. 이것이 무엇이겠습니까? 이것은 돈입니다. 사람들이 돈에 집착하는 이유가 바로 여기에 있습니다.

야고보서 1장 15절을 보겠습니다.

"욕심이 잉태한즉 죄를 낳고 죄가 장성한즉 사망을 낳느니라" (약 1:15).

　적어도 한국 사람은 쌀값이 없거나 겨울 외투가 없어서 돈에 집착하지는 않습니다. 이들이 돈에 집착하는 이유는 안목의 정욕과 육체의 정욕과 이생의 자랑을 위한 것입니다. 이러한 욕심은 죄를 낳게 되고 결국 사망에 이르게 합니다.

　마귀는 첫 아담을 이 세 가지의 욕심으로 유혹하여 죄에 빠지게 하였습니다. 마귀는 둘째 아담인 예수도 동일한 미끼로 유혹하였습니다. 마태복음 4장 3절에서 11절까지를 보겠습니다.

"시험하는 자가 예수께 나아와서 이르되 네가 만일 하나님의 아들이어든 명하여 이 돌들로 떡덩이가 되게 하라" "예수께서 대답하여 이르시되 기록되었으되 사람이 떡으로만 살 것이 아니요 하나님의 입으로부터 나오는 모든 말씀으로 살 것이라 하였느니라 하시니" "이에 마귀가 예수를 거룩한 성으로 데려다가 성전 꼭대기에 세우고" "이르되 네가 만일 하나님의 아들이어든 뛰어내리라 기록되었으되 그가 너를 위하여 그의 사자들을 명하시리니 그들이 손으로 너를 받들어 발이 돌에 부딪치지 않게 하리로다 하였느니라" "예수께서 이르시되 또 기록되었으되 주 너의 하나님을 시험하지 말라 하였느니라 하시니" "마귀가 또 그를 데리고 지극히 높은 산으로 가서 천하 만국과 그 영광을 보여" "이르되 만일 내게 엎드려 경배하면 이 모든 것을 네게 주리라" "이에 예수께서 말씀하시되 사탄아 물러가라 기록되었으되 주 너의 하나님께 경배하고 다만 그를 섬기라 하였느니라" "이에 마귀는 예수를 떠나고 천사들이 나아와서 수종드니라"

(마 4:3-11).

예수님은 물과 성령으로 세례를 받은 후에 마귀에게 이끌려 광야에서 시험을 받았습니다. 마귀는 세 차례에 걸쳐 예수님을 시험하였습니다.

첫째, 마귀는 금식하는 예수님에게 돌로 떡을 만들어 먹으라고 유혹했습니다. 배고픈 사람에게는 매우 달콤한 말일 것입니다. 마귀는 육신의 정욕으로 예수님을 시험한 것입니다. 그러나 예수님은 하나님의 말씀을 먹는 것이 우선이라며 마귀의 유혹을 이겼습니다.

둘째, 마귀는 예수님을 높은 데서 뛰어내리라고 하였습니다. 천사들이 받아주어 다치지 않을 것이라고 하였습니다. 마귀가 이러한 시험을 한 이유는 기적을 일으키는 것을 사람들이 보게 하여 자랑하라는 것입니다. 마귀는 이생의 자랑으로 예수님을 시험한 것입니다. 그러나 예수님은 이 시험을 이겼습니다. 믿는 자들은 이생의 자랑보다는 죽은 후에 영생을 자랑해야 할 것입니다.

셋째, 마귀는 천하만국을 예수님께 보여주며 예수님이 모두 가질 수 있다고 유혹하였습니다. 이것은 안목의 정욕을 자극하는 시험입니다. 예수님은 이 시험도 성경 말씀을 인용하여 물리쳤습니다. 믿는 자들은 눈에 보이는 안목의 정욕보다는 보이지 않는 영원한 천국에 욕심을 내야 할 것입니다.

이상으로 마귀가 광야에서 예수님을 시험한 내용을 살펴보았습니다. 놀랍게도 이 세 가지의 시험은 뱀이 하와를 시험한 내용과 동일합니다. 그것은 안목의 정욕, 육신의 정욕, 이생의 자랑입니다. 이처럼 마귀가 아담에게도 예수님에게도 동일한·시험을 하였다는 것은 이 세 가지가 인간의 모든 죄의 원천이라는 것을 암시하는 것입니다.

지금부터는 믿는 사람들이 마귀의 이러한 유혹을 물리치고 승리할 수 있는 방법에 대하여 나누겠습니다. 전쟁에서 승리를 하려면 나를 알고 적을 알아야 합니다. 인간은 기본적으로 욕심과 이기심의 본성을 갖고 있다는 사실을 알아야 합니다. 마귀는 인간의 그러한 본성을 자극하고 충동하여 죄를 짖게 한다는 사실도 알아야 합니다. 이 두 가지를 깨닫는 것이 마귀와의 전쟁에서 승리할 수 있는 가장 기본입니다. 이 두 가지 사실을 염두하고 삶에 적용해보겠습니다.

첫째, 욕심을 버리십시오. 욕심을 버린다는 것은 다르게 표현하면 절제하라는 것입니다. 비싼 옷을 살 능력이 있더라도 검소한 옷을 입는 것입니다. 고급 승용차를 살 형편이 되더라도 경제적인 차를 타는 것입니다. 집을 소유하였다면 팔고 월세집으로 옮기는 것입니다.

그리고 절약한 돈은 가난한 자에게 주는 것입니다. 절제는 성령의 일곱 가지 열매 중에 하나입니다. 사탄은 인간의 욕심을 타고 역사하므로 욕심을 버리고 절제할 때에 사탄은 떠나갑니다. 적이 도망가므로 승리하는 것입니다.

둘째, 이기심을 버리십시오. 자기를 사랑하는 것이 죄의 근원입니다. 돈을 사랑하는 마음도 자신을 사랑하므로 오는 것입니다. 쾌락도 자신을 사랑하므로 추구하게 되는 것입니다. 여러분은 자신 대신에 이웃을 사랑하십시오. 남의 유익을 위해 사십시오. 가난한 자를 구제하십시오.

예수님도 인류를 사랑하여 고난을 받았습니다. 인간의 유익을 위해 십자가에서 죽으셨습니다. 그리하여 사망을 이기고 승리하였습니다. 여러분도 동일한 방법으로 승리할 수 있습니다.

셋째, 세상을 사랑하지 마십시오. 세상은 욕망을 충동합니다. 죄의 유혹으로 차 있습니다. 세상 오락은 듣지도 보지도 하지도 마십시오. 술 자리에 가지 마십시오. 믿지 않는 자들을 사귀지 마십시오.

세상에는 하나님의 사랑이 없습니다. 거기에는 보암직하고 먹음직하고 탐스러워 보이는 것들이 여러분을 유혹하고 있습니다. 세상을 사랑하지 않는 것이 마귀를 이기는 것입니다.

이상으로 태초부터 인간을 괴롭혀 온 사탄의 시험을 이기는 방법을 크게 세 가지로 나누어 삶에 적용해보았습니다. 그것은 욕심과 이기심을 버리고 세상을 사랑하지 않는 것입니다. 자아를 부인하고 절제하며 세상에 눈길을 돌리지 않는 것입니다.

요한일서 2장 17절을 보겠습니다.

"이 세상도, 그 정욕도 지나가되 오직 하나님의 뜻을 행하는 자는 영원히 거하느니라" (요일 2:17).

이 세상도 그 정욕도 모두 지나갑니다. 말세에 재물은 썩고 옷은 좀먹으며 은과 금은 녹이 습니다. 본 즉 죄를 짓는다고 하였으니 세상에는 장님이 되고 말씀에는 눈 뜬 자가 되십시오. 영원한 것은 하나님의 말씀입니다.

여러분은 모두 세상을 사랑하고 정욕을 쫓아 호화롭게 살다가 지옥을 간 어떤 부자처럼 되지 말고 돈을 사랑하지 말고 재물을 쌓지 말라는 하나님의 뜻을 행하여 천국 가는 사람이 되기를 예수 그리스도의 이름으로 축복합니다.

2

너희가 말세에
재물을 쌓았도다

"너희 금과 은은 녹이 슬었으니 이 녹이 너희에게 증거가 되며
불 같이 너희 살을 먹으리라 너희가 말세에 재물을 쌓았도다"
(야고보서 5:3).

지금이 말세라고 말하는 것은 믿는 자나 믿지 않는 자나 동일합니
다. 왜냐하면 코로나 전염병이 순식간에 전 세계를 휩쓸고 있기 때문
입니다. 그러나 예수를 믿는 자들 중에도 입으로는 말세라고 하지만
삶으로는 지금이 말세인 것을 부인하는 사람들이 많습니다. 삶으로
부인을 한다는 것은 믿는 자로서 마지막 때를 준비하는 믿음 생활을
하지 않는다는 의미입니다.

믿는 자들이 말세를 준비하는 삶을 살지 않고 있는 좋은 증거 중
에 하나는 재물을 쌓고 있는 것입니다. 말세가 아니더라도 성경은 재
물을 쌓지 말라고 가르칩니다. 먹고 입는 것으로 족하고 남는 것은
가난한 자에게 주는 삶을 살라고 합니다. 그런데 본문 말씀은 특별
히 말세에는 재물을 쌓지 말라고 강조합니다.

금과 은이 녹슬게 된다는 것은 저축한 돈이 소용이 없게 된다는

의미입니다. 단순히 소용없게 되는 것이 아니라 그 재물로 인하여 화를 입게 된다고 말씀합니다. 쌓아 놓은 재물이 재물 주인의 살을 불로 태운다는 무서운 표현으로 비유합니다.

지금 전염병이 전세계로 퍼져 나가고 사망자의 수가 계속 늘어 감에 따라 경제는 어려워지고 실업자가 급속도로 증가하고 있습니다. 따라서 사람들은 먹고 사는 문제로 걱정을 하고 돈에 더욱 집착하며 저축하려고 할 것입니다.

어떤 사람은 부동산이나 주식을 팔아 현금으로 바꿀 것입니다. 현금 중에도 미국 달러를 더 선호할 것입니다. 어떤 사람은 현금 보다 금과 은을 보유하려 할 것입니다. 사람들은 이렇게 하는 것이 환난 중에 살아남는 방법이라고 생각합니다. 그러나 성경은 이렇게 하는 것이 멸망하는 길이라고 말씀합니다. 금과 은이 불같이 너희 살을 먹을 것이라고 합니다.

디모데후서 3장 1절, 2절을 보겠습니다.

"너는 이것을 알라 말세에 고통하는 때가 이르러" "사람들이 자기를 사랑하며 돈을 사랑하며 자랑하며 교만하며 비방하며 부모를 거역하며 감사하지 아니하며 거룩하지 아니하며" (딤후 3:1-2).

말세는 고통을 당하는 때입니다. 사람들이 자신과 돈을 사랑하는 것이 말세의 징조 중에 하나입니다. 자신과 돈을 사랑하면 가난한 자를 돕지 않습니다. 가난한 자를 돕지 않고 재물을 쌓아 놓는 것은 이기적인 행동이며 죄입니다. 그런데 말세가 되면 이러한 일이 더욱 심화됩니다.

마태복음 16장 19절, 20절을 보겠습니다.

"너희를 위하여 보물을 땅에 쌓아 두지 말라 거기는 좀과 동록이 해하며 도둑이 구멍을 뚫고 도둑질하느니라" "오직 너희를 위하여 보물을 하늘에 쌓아 두라 거기는 좀이나 동록이 해하지 못하며 도둑이 구멍을 뚫지도 못하고 도둑질도 못하느니라" (마 16:19-20).

보물을 하늘에 두면 녹이 슬지 않습니다. 이 말씀은 은금이 살을 먹는다는 본문 말씀과 대조적입니다. 재물을 하나님의 뜻대로 사용하는 것이 보물을 하늘에 두는 것입니다. 소유를 팔아 가난한 자를 돕고 십일조와 헌물로 바치는 것이 재물을 하늘에 쌓는 것이며 녹슬지 않게 하는 것입니다.

지금은 말세이고 땅에 쌓은 재물을 하늘로 옮겨야 할 때입니다. 여러분이 집을 소유하고 있다면 팔고 월세집으로 옮기십시오. 남는 돈은 하나님의 사역과 가난한 사람들을 구제하는 데 사용하십시오.

전세집에 사는 사람들도 월세집으로 옮기고 동일하게 하십시오. 월세집이라도 보증금 액수가 가능한 적은 집에 거주하고 남는 돈은 하늘에 쌓으십시오. 그 외의 재산도 모두 그렇게 하십시오. 이것이 말세에 사는 길입니다. 이러한 사람들이 환난과 기근 중에도 구원받는 사람들입니다.

마지막 때에 민족이 민족을 대적하여 일어난다는 예언은 대한민국을 말씀하는 것입니다. 그러니 한반도에는 전쟁이 발생할 수 있습니다. 지금 전세계는 전염병으로 인해 대공황이 올 수도 있습니다. 이런 일들이 발생하면 집이 팔리지 않습니다.

집값이 크게 하락하므로 집을 팔아서 융자금도 못 갚을 것입니다. 집을 버리고 피난해야 할지도 모릅니다. 집주인은 전세금을 줄 수 없을 것입니다. 재산을 모두 잃게 되는 것입니다. 이렇게 되는 것이 은과 금에 녹이 스는 것입니다.

집과 전세금을 날린 사람들은 하루 아침에 망해버린 스스로를 원망할 것입니다. 땅을 치며 통곡할 것입니다. 패닉 상태에서 자살을 할 것입니다. 먹을 것이 없어 도둑질과 살인을 할 것입니다. 이렇게 되는 것이 재산이 불같이 그들의 살을 먹는 것입니다.

이 모든 재물이 하나님의 일을 위하여 쓰이고 가난한 자를 구제하는데 사용되었더라면 환난 가운데 재물을 잃을 일이 없을 것입니다. 그렇다면 낙담할 일도 통곡할 일도 없을 것입니다.

재물을 하나님의 뜻대로 사용하고 저축하지 않은 자들은 환난 중에 보호를 받게 될 것입니다. 환난 중에도 먹이고 입힐 것입니다. 그러니 재물을 쌓지 마십시오. 말세에 재물을 쌓으면 멸망합니다.

3
말세의 교훈

"그러나 그들의 다수를 하나님이 기뻐하지 아니하셨으므로 그들이 광야에서 멸망을 받았느니라" "이러한 일은 우리의 본보기가 되어 우리로 하여금 그들이 악을 즐겨 한 것 같이 즐겨 하는 자가 되지 않게 하려 함이니" "그들 가운데 어떤 사람들과 같이 너희는 우상 숭배하는 자가 되지 말라 기록된 바 백성이 앉아서 먹고 마시며 일어나서 뛰논다 함과 같으니라" "그들 중의 어떤 사람들이 음행하다가 하루에 이만 삼천 명이 죽었나니 우리는 그들과 같이 음행하지 말자" "그들 가운데 어떤 사람들이 주를 시험하다가 뱀에게 멸망하였나니 우리는 그들과 같이 시험하지 말자" "그들 가운데 어떤 사람들이 원망하다가 멸망시키는 자에게 멸망하였나니 너희는 그들과 같이 원망하지 말라" "그들에게 일어난 이런 일은 본보기가 되고 또한 말세를 만난 우리를 깨우치기 위하여 기록되었느니라" (고린도전서 10:5-11).

애굽을 떠나 광야 생활을 하던 이스라엘 백성은 하나님의 기적을 눈으로 보았고 몸으로 체험하였습니다. 홍해를 건넜고 만나를 먹었습니다. 하나님의 기적과 동행하는 삶을 살았습니다. 어떤 백성도 하나님의 기적을 이렇게 오래 동안 체험해 본 적이 없을 것입니다.

하나님은 이들을 오랜 종 살이에서 해방시켰습니다. 모든 필요한 것을 공급해 주며 축복의 땅인 가나안으로 인도하고 있었습니다.

그런데 이처럼 하나님의 은혜를 입어 출애굽한 이스라엘 백성들의 광야 생활이 평안하지도 형통하지도 않았습니다. 벌을 많이 받았습니다.

40일 거리에 있는 곳을 40년이나 걸려 도착한 자체가 형벌이었습니다. 이들이 이처럼 오랜 기간 광야 생활을 하게 된 것은 하나님의 말씀에 불순종하였기 때문입니다. 이들의 불순종을 보면 안타깝고 답답한 마음이 있습니다. 왜냐하면 벌을 받으면서도 같은 죄를 반복하기 때문입니다. 민수기 16장 32절에서 35절까지를 보겠습니다.

"땅이 그 입을 열어 그들과 그들의 집과 고라에게 속한 모든 사람과 그들의 재물을 삼키매" "그들과 그의 모든 재물이 산 채로 스올에 빠지며 땅이 그 위에 덮이니 그들이 회중 가운데서 망하니라" "그 주위에 있는 온 이스라엘이 그들의 부르짖음을 듣고 도망하며 이르되 땅이 우리도 삼킬까 두렵다 하였고" "여호와께로부터 불이 나와서 분향하는 이백오십 명을 불살랐더라" (민 16:32-35).

고라와 그를 따르던 사람들이 모세에게 대적을 하다가 땅이 갈라지고 불에 타 죽었습니다. 다음은 민수기 16장 41절, 42절과 47절에서 49절까지를 보겠습니다.

"이튿날 이스라엘 자손의 온 회중이 모세와 아론을 원망하여 이르되 너희가 여호와의 백성을 죽였도다 하고" "회중이 모여 모세와 아론을 칠 때에 회막을 바라본 즉 구름이 회막을 덮었고 여호와의 영광이 나타났더라"

(민 16:41-42).

"아론이 모세의 명령을 따라 향로를 가지고 회중에게로 달려간즉 백성 중에 염병이 시작되었는지라 이에 백성을 위하여 속죄하고" "죽은 자와 산 자 사이에 섰을 때에 염병이 그치니라" "고라의 일로 죽은 자 외에 염병에 죽은 자가 만 사천칠백 명이었더라" (민 16:47-49).

고라가 모세에게 대항한 일로 죽은 사건이 있은 바로 다음 날에 이스라엘 백성이 다시 모세를 대적하였습니다. 그러다가 전염병으로 만 사천칠백 명이 죽임당했습니다. 이 사건은 같은 죄를 반복하는 이스라엘 백성의 불순종을 단적으로 잘 보여줍니다.

이스라엘 백성의 거듭되는 불순종으로 벌을 받는 모습을 보며 혹시 여러분 스스로는 어떻게 생각합니까? 여러분은 순종을 했을 것이라고 판단합니까? 어떠한 판단을 하든지 상관없이 이스라엘 남자 성인 중 두 사람을 제외하고 모두 광야에서 죄 가운데 죽었다는 사실에서 교훈을 얻어야 합니다.

미국의 조나단 에드워드 목사가 250년 전에 지옥에 관한 설교를 하였습니다. 여러분은 진작에 지옥에 떨어졌어야 마땅한데 하나님이 긍휼의 손으로 붙잡고 있기 때문에 아직도 떨어지지 않고 있는 것이라고 설교하였습니다. 하나님의 손이 언제 여러분을 놓아 버릴지 모른다고 했습니다. 그러니 지금 바로 회개하여 모든 죄에서 돌이키라고 설교하였습니다.

이 설교는 너무 강력하여 그 교회 전체를 흔들었습니다. 그 설교를 듣던 사람들이 모두 바닥을 기어 다니며 울 정도로 회개하였습니다. 그리고 그 때를 시작으로 그 지역에는 큰 부흥이 있었습니다.

지금 이 설교를 듣는 사람들 중에도 많은 사람들이 광야에서 망한 이스라엘 백성 같은 삶을 살고 있을지 모릅니다. 조나단 에드워드 목사의 설교를 들은 사람들 같이 하나님의 긍휼의 손에 잡혀서 겨우 살아 가고 있는 사람들일지 모릅니다.

본문 말씀의 첫 두 구절을 보겠습니다.

"그러나 그들의 다수를 하나님이 기뻐하지 아니하셨으므로 그들이 광야에서 멸망을 받았느니라" "이러한 일은 우리의 본보기가 되어 우리로 하여금 그들이 악을 즐겨 한 것 같이 즐겨 하는 자가 되지 않게 하려 함이니" (고전 10:5-6).

광야에서 다수가 멸망 받은 것을 본을 삼아 후대에 사람들은 악에서 돌이키라고 말씀합니다. 돌이켜야 할 악이 세 가지 있습니다. 첫째, 우상 숭배하지 말라. 둘째, 음행 하지 말라. 셋째, 하나님을 시험하고 원망하지 말라 입니다.

이 세 가지 죄와 그들이 받은 보응을 살펴보며 우리는 동일한 죄들을 짓고 있지 않은지 반영해 보겠습니다.

첫째로 우상 숭배의 죄에 대하여 살펴보겠습니다. 출애굽 당시 모세가 하나님께 십계명을 받으러 시내산으로 갔습니다. 그 사이에 이스라엘 백성들이 아론을 부추기어 금송아지를 만들게 하였습니다. 그리고 그것을 하나님이라며 제사를 드렸습니다. 그 죄로 삼천여명이 죽임을 당하는 보응을 받았습니다. 출애굽기 42장 27절, 28절을 보겠습니다.

"모세가 그들에게 이르되 이스라엘의 하나님 여호와께서 이렇게 말씀하시기를 너희는 각각 허리에 칼을 차고 진 이 문에서 저 문까지 왕래하며 각 사람이 그 형제를, 각 사람이 자기의 친구를, 각 사람이 자기의 이웃을 죽이라 하셨느니라" "레위 자손이 모세의 말대로 행하매 이 날에 백성 중에 삼천 명가량이 죽임을 당하니라" (출 42:27-28).

그러나 삼천 명만 죽임을 당하게 된 것은 하나님이 긍휼을 베풀었기 때문입니다. 원래 하나님은 이스라엘 백성 모두를 죽이려고 하였습니다. 그러나 모세의 중재로 진노를 누그러뜨리고 삼천 명만 죽인 것입니다.

여러분은 우상 숭배에 대한 이러한 하나님의 진노가 두려워야 합니다. 그럴 때에 우상 숭배를 하지 않을 것입니다. 불교 신자나 천주교 신자들, 미신을 믿는 사람들은 우상 숭배를 합니다. 불교 신자들은 돌부처 앞에서 절을 하고 천주교 신자들은 마리아 상 앞에서 절을 합니다. 미신을 믿는 자들은 나무나 돌 앞에서 절을 합니다.

예수를 믿는 사람들 중에는 돌이나 나무 앞에서 절하는 사람들은 없을 것입니다. 그렇다면 대부분의 크리스천들은 우상 숭배를 하지 않는 것이겠습니까? 골로새서 3장 5절을 보겠습니다.

"그러므로 땅에 있는 지체를 죽이라 곧 음란과 부정과 사욕과 악한 정욕과 탐심이니 탐심은 우상 숭배니라" (골 3:5).

이 구절은 재물에 대한 욕심을 우상 숭배라고 말씀합니다. 재물에 대한 욕심이 하나님 섬기는 욕심 보다 클 때 그것은 우상 숭배입니다. 돈을 의지하는 마음이 하나님을 의지하는 마음보다 큰 것이 우상 숭배입니다.

세상에는 모든 탐심을 채워줄 수 있는 것이 하나 있습니다. 그것은 돈입니다. 그러므로 돈에 대한 태도로 여러분의 탐심을 확인할 수 있습니다. 여러분이 재물이 많음에도 가난한 자를 힘써 돕지 않는다면 그것은 탐심이 있는 것입니다. 여러분이 현금을 수천만 원, 부동산을 수억 원 이상 보유하고 있을 때 힘써 돕는 것은 가난한 자를 위해 천만 원이나 일억 원을 내놓는 것입니다.

초대교회의 사람들은 그렇게 살았습니다. 주의 종 바나바도 밭을 모두 팔아 구제 헌금을 하고 사역을 시작하였습니다. 사도행전 4장 36절, 37절을 보겠습니다.

"구브로에서 난 레위족 사람이 있으니 이름은 요셉이라 사도들이 일컬어 바나바라(번역하면 위로의 아들이라) 하니" "그가 밭이 있으매 팔아 그 값을 가지고 사도들의 발 앞에 두니라"(행 4:36-37).

아나니아와 삽비라는 땅 판 돈의 반만 바치다가 죽임당하였습니다. 이들이 죽임을 당한 이유는 땅을 판 돈의 절반만 헌금하였기 때문은 아닙니다. 땅을 판 값을 속였기 때문입니다. 사도들에게 거짓말을 한 죄로 벌을 받은 것입니다. 그러나 이들이 이러한 벌을 받은 배경에는 그 당시 구제 헌금이 절실하였다는 사실과 인색한 자들이 결국 징계받게 된다는 교훈도 있습니다.

그렇다면 수억 원의 집을 소유하고 살면서 한 달에 수 만 원을 구제기관이나 교회에 구제 헌금하는 것은 힘써 돕는 것이라고 할 수 없습니다. 이것은 인색한 것이며 종교 행위입니다. 이러한 사람들은 탐심이 있으므로 그렇게 하는 것입니다. 그러니 약간이라도 도왔으니 하나님이 기뻐할 것이라고 생각하지 말아야 합니다.

재산을 소유하지 않고 검소하고 소박하게 살면서 수입 중에 일정액을 인색하지 않게 하나님께 바치는 것은 금액에 상관없이 거룩한 일입니다. 지금 여기서 지적하려는 것은 재물을 가진 부유한 자들의 돈 욕심에 대한 것입니다.

성경은 가난한 자를 힘써 돕지 않는 것을 죄로 규정합니다. 그런데 이들은 단순히 가난한 자를 애써 돕지 않는 죄 이상의 큰 죄를 짓는 것입니다. 그것은 우상 숭배의 죄입니다. 이들은 재물이 우상입니다. 실제로 한국이나 미국같이 부유한 나라의 많은 크리스천들이 이러한 삶을 살고 있습니다.

어렸을 때부터 십계명을 잘 지키던 부자 청년이 있었습니다. 이 청년은 재물을 팔아 가난한 자들에게 나누어 주고 주님을 따르라는 말을 듣지 않았습니다. 근심하고 떠났습니다. 이 청년은 다른 죄는 짓지 않았지만 돈 욕심에서는 벗어나지 못하였습니다. 이 부자 청년은 구원받지 못하였습니다. 왜냐하면 재물이 있음에도 가난한 자를 돕지 않은 것은 탐심이며 탐심은 우상 숭배이고 우상 숭배는 죄이기 때문입니다.

그러니 지금 이 설교를 듣는 분들은 돈을 사랑하는 죄를 스스로 살피십시오. 그러한 죄가 조금이라도 있다면 즉시 회개하고 돌이키십시오. 부자 청년처럼 이 설교를 듣고 근심하며 지나치지 마십시오.

둘째는 음행의 죄에 대하여 살펴보겠습니다. 본문 말씀은 이스라엘 백성들이 음행하다가 하루 만에 이만 삼천 명이 죽임 당했다고 합니다. 이것은 바알브올에서 이스라엘 백성들이 모압 여인들과 음행한 사건인데 그 배경에는 거짓 선지자 발람이 있었습니다.

발람이 모압 왕에게 꾀를 내어 모압 여인들과 이스라엘 남자들이 음행 하도록 한 것입니다. 이 음행의 죄로 수많은 이스라엘 백성들이 전염병으로 죽었습니다. 수령들은 목매달려 죽었습니다. 민수기 25장 4절과 9절을 보겠습니다.

"여호와께서 모세에게 이르시되 백성의 수령들을 잡아 태양을 향하여 여호와 앞에 목매어 달라 그리하면 여호와의 진노가 이스라엘에게서 떠나리라"(민 25:4).
"그 염병으로 죽은 자가 이만 사천 명이었더라"(민 25:9).

인간들이 가장 많이 범하는 죄 중에 하나가 음행의 죄입니다. 왜냐하면 인간의 본능적인 욕구와 관련이 있기 때문입니다. 성경은 음행을 피하기 위하여 결혼하라고 말씀합니다. 그러나 인간은 결혼을 하지 않아도 성적인 욕구를 절제할 수 있는 본성이 있습니다. 그럼에도 불구하고 많은 인간들이 이러한 욕구를 절제하지 못하여 죄를 짓습니다.

음행은 은밀하게 이루어지는 특징이 있습니다. 그러므로 회개를 잘 하지 않게 됩니다. 죄가 드러나면 부끄러워서라도 돌이켜 회개를 할 텐데 음행은 은밀하여 잘 드러나지 않음으로 회개하기가 쉽지 않습니다.

음행은 크게 두 가지입니다. 하나는 혼자 은밀하게 범하는 음행이고 다른 하나는 실제로 간음하는 것입니다. 혼자 범하는 음행은 이성에게 음욕을 품거나 음란 동영상을 보는 것입니다. 이 죄도 실제로 간음한 것과 같은 죄입니다. 많은 사람들이 이러한 죄에서 자유롭지 못합니다. 마음과 눈의 간음이 실제로 간음한 죄보다 작지 않습니다.

그러니 가정도 지키고 지옥 형벌도 면하려면 음란의 죄를 중단하고 하나님 앞과 배우자 앞에서 죄를 고백하고 회개하십시오. 이스라엘 백성이 이 죄로 하루에 이만 사천 명이 죽임당했습니다.

셋째로 하나님을 시험하고 원망한 죄에 대하여 살펴보겠습니다. 민수기 21장 5절, 6절을 보겠습니다.

"백성이 하나님과 모세를 향하여 원망하되 어찌하여 우리를 애굽에서 인도해 내어 이 광야에서 죽게 하는가 이 곳에는 먹을 것도 없고 물도 없도다 우리 마음이 이 하찮은 음식을 싫어하노라 하매" "여호와께서 불뱀들을 백성 중에 보내어 백성을 물게 하시므로 이스라엘 백성 중에 죽은 자가 많은지라" (민 21:5-6).

이스라엘 백성들이 하나님을 원망함으로써 하나님을 시험하였습니다. 이들은 사실이 아닌 것을 말하며 불평을 하였는데 그 이유는 이들이 하나님을 미워하는 마음이 있었기 때문입니다. 그리하여 원망할 구실을 지어낸 것입니다.

이들은 광야에 먹을 것도 물도 없다고 하였습니다. 그러나 그것은 사실이 아닙니다. 매일 저녁에 메추리 고기와 만나를 하늘로부터 공급받았습니다. 반석에서 나오는 물도 공급을 받았습니다. 이 음식들은, 씨를 뿌리고 경작하고 추수하지 않아도 되고 사냥을 하지도 않아도 거저 주어지는 음식이었습니다.

이 물은 우물을 파지 않아도 얻을 수 있던 물이었습니다. 그러니 얼마나 더 감사해야 할 은혜로운 음식이겠습니까? 그러나 이들은 감사하기 보다는 매일 같은 종류의 음식을 먹는 것에 대한 불만으로 차 있었던 것입니다. 그리하여 먹을 것이 없다고 원망하였습니다.

하나님은 은혜를 모르는 패역한 이스라엘 백성에게 진노하였습니다. 불뱀을 보내어 많은 사람들이 물려 죽게 하였습니다. 그런 후에야 이스라엘 백성은 다시 회개하였고 하나님은 심판을 그쳤습니다.

이 사건을 보면서 여러분은 혹시 하나님을 원망하는 죄가 없는지 돌아보기 원합니다. 사람들은 평안하고 형통할 때에는 하나님을 원망하지 않습니다. 그러나 고난이 오면 하나님을 원망합니다. 고난의 시간이 길어지면 더 크게 원망합니다. 욕망이나 목적이 충분히 채워지지 않을 때에 불평을 합니다.

먹고 살기에 충분함에도 월급에 만족하지 않습니다. 예수를 믿으면 모든 것이 편안하고 형통하고 부유해야 하는데 믿지 않는 사람보다 못하다고 느낍니다. 예수 믿기 전에는 오락과 유흥을 즐길 수 있어서 더 좋았다고 생각합니다.

믿는 사람들이 자신의 삶에 대하여 만족하지 않는 것은 하나님을 원망하는 것입니다. 사람의 인생에서 일어나는 모든 일은 하나님이 허락한 것이고 이유가 있습니다. 하나님의 섭리입니다. 그러므로 성경은 환난 중에도 감사하고 즐거워하라고 가르칩니다. 로마서 5장 3절을 보겠습니다.

"다만 이뿐 아니라 우리가 환난 중에도 즐거워하나니 이는 환난은 인내를"(롬 5:3).

그러므로 교통사고를 당하여서 다쳐도 죽지 않아서 감사해야 합니다. 암으로 3개월만 산다는 진단이 나와도 3개월 더 살 수 있음을 감사해야 합니다. 어린 자녀가 죽어도 그 아이가 죽어 천국 가게 된 것을 감사해야 합니다. 일 년 내내 밥과 김치만 먹을 형편이라도 굶지 않음에 기뻐해야 합니다.

이상으로 바울을 통하여 고린도 교회에게 경고한 세 가지의 죄에 대하여 살펴보았습니다. 이 세 가지의 죄를 특별히 강조한 이유는 이 세 가지의 죄가 고대에나 초대교회의 때에나 현대에나 반드시 지켜야 할 가장 중요한 것들이기 때문입니다.

본문 말씀 중 마지막 구절인 고린도전서 10장 11절을 다시 보겠습니다.

"그들에게 일어난 이런 일은 본보기가 되고 또한 말세를 만난 우리를 깨우치기 위하여 기록되었느니라"(고전 10:11).

이 구절 중에 특별히 한 곳을 주목해보겠습니다. 그것은 "말세를 만난 우리"라는 부분입니다. 이 말씀은 특별히 말세에 이러한 죄를 짓지 않도록 잘 살펴야 한다는 의미가 있습니다. 그렇다면 지금을 말세로 여기는 여러분들이 이 말씀을 얼마나 단단히 붙잡아야 하는 지는 아무리 강조하여도 지나치지 않습니다.

그럼에도 불구하고 사람들은 "인간이 어느 정도 탐심이 있는 것이 무슨 큰 죄일까"라고 여깁니다. "음란물 본 것이 지옥 갈 죄는 아니겠지"라고 여깁니다. 삶이 어렵고 뜻대로 되지 않아 하나님을 불평하고 원망했다고 설마 하나님이 지옥 보내지는 않겠지"라고 생각합니다. 그러나 성경이 이스라엘 역사를 통하여 보여주는 교훈은 이러한 법을 가볍게 여기다가는 모두 멸망한다는 사실입니다.

여러분의 구원을 요행에 맡기지 마십시오. 유산을 자식에게 물려주어도 괜찮겠지 라고 생각하지 말라는 것입니다. 지금 재물을 팔아 가난한 자를 주지 않음으로 지옥에 갈 수 있다는 것을 깨달으라는 것입니다.

이러한 깨달음이 없으면 그 사람은 자신의 구원에 요행을 바라는 것입니다. 재물을 소유하고도 천국을 갈 수 있을 것으로 여기고 싶은 것입니다. 그러나 이 설교는 돈을 우상 숭배하면서 구원받을 것이라는 꿈은 꾸지 말라고 경고합니다.

돈에 대한 성경공부를 한 후에 자신이 소유하고 있던 아파트 두 채를 즉시 부동산에 팔려고 내 놓은 성도가 있었습니다. 재물을 팔아 가난한 자들에게 주고 하나님의 일을 위하여 사용하려고 그렇게 한 것입니다.

부자가 구원받기 어렵다는 성경 말씀을 배워 깨달은 후에 지체하지 않고 행동에 옮겼습니다. 영혼을 언제든지 지옥에 던질 수 있는 하나님에 대한 두려움이 있었기 때문입니다. 그러니 여러분도 이 분처럼 서두르십시오. 때가 가깝습니다.

지금 하나님은 음란의 죄를 배우자에게 고백하라고 경고하였습니다. 그럼에도 불구하고 여러가지 생각에 머뭇거리는 사람들이 있을 것입니다. 이 사람들도 자신의 구원을 요행에 맡기려는 것입니다. 아내에게, 또는 남편에게 부끄러움을 당하느니 차라리 지옥 가겠다고 말할 사람은 아무도 없을 것입니다.

어떤 성도들은 이 죄를 배우자에게 고백하였습니다. 그런 후에 모두 자유로운 영혼이 되었습니다. 큰 불화가 없었습니다. 그러니 이 설교를 듣는 사람들은 용기를 내어 고백하십시오. 이 설교를 듣는 즉시 고백하십시오. 오늘 밤에 여러분의 영혼이 어떻게 될지 아무도 모릅니다.

예수를 믿은 후에 마음으로 불만족했던 것을 기억한다면 회개하십시오. 그리고 앞으로는 어떠한 고난이 오더라도 하나님께 감사만 하고 불평하거나 원망하지 마십시오. 이렇게 하는 것이 과거의 원망에 대한 회개의 열매를 맺는 것이며 구원받는 길입니다.

하나님의 심판을 알면서도 고통이 너무 커 하나님을 비방하며 회개하지 않는 사람들이 있습니다. 요한계시록 9장 20절, 21절을 보겠습니다.

"이 재앙에 죽지 않고 남은 사람들은 손으로 행한 일을 회개하지 아니하고 오히려 여러 귀신과 또는 보거나 듣거나 다니거나 하지 못하는 금, 은, 동과 목석의 우상에게 절하고" "또 그 살인과 복술과 음행과 도둑질을 회개하지 아니하더라" (계 9:20-21).

여기서 이 재앙은 핵전쟁으로 지구의 삼분의 일이 죽은 재앙입니다. 핵전쟁 중에 살아남은 사람들은 하나님께 감사해야 마땅합니다. 그러나 이들은 오히려 죄를 짓고 회개하지 않습니다. 원망하지 말라는 말씀을 가슴판에 잘 새겨 두지 않으면 환난과 핍박 중에 여러분이 어떻게 될지 모릅니다.

이제 시간이 없습니다. 주님은 오늘 밤에 올지 모릅니다. 여러분 모두 탐심과 음행과 원망의 죄에서 돌이켜 회개하고 합당한 열매를 맺기를 지금 오고 계신 메시아 우리 주 예수 그리스도의 이름으로 축복합니다.

II
빛을 지지 말라

4
구하기 전에 필요를 아심

"그러므로 염려하여 이르기를 무엇을 먹을까 무엇을 마실까 무엇을 입을까 하지 말라" "이는 다 이방인들이 구하는 것이라 너희 하늘 아버지께서 이 모든 것이 너희에게 있어야 할 줄을 아시느니라" "그런즉 너희는 먼저 그의 나라와 그의 의를 구하라 그리하면 이 모든 것을 너희에게 더하시리라" "그러므로 내일 일을 위하여 염려하지 말라 내일 일은 내일이 염려할 것이요 한 날의 괴로움은 그 날로 족하니라"(마태복음 6:31-34).

갓난 아기가 구하는 것은 한 가지입니다. 먹을 것입니다. 어린 아기는 먹을 것만 충족되면 더 이상 아무 것도 구하지 않습니다. 그러나 조금 더 자라면 구하는 것이 추가됩니다. 그것은 장난감입니다. 유치원 때까지는 먹을 것과 장난감만 주어지면 아이들은 더 이상 바라는 것이 없습니다.

그러나 아이들이 커가면 구하는 것이 점점 더 늘어납니다. 중학생이 되면 옷에 신경을 씁니다. 사춘기를 지나면서 여자 아이들은 화장품을 구합니다. 겉을 꾸미는 데 필요한 여러가지를 구합니다. 청년이 되면 직장을 구하고 이성 친구를 구합니다. 직장인이 되면 자동차를 구하고 결혼을 하려고 혼수감을 구합니다. 신혼 살림을 할 거처도 구해야 합니다.

지금까지 언급한 구해야 하는 것들은 인생을 살면서 필요한 것들입니다. 그러므로 이러한 것은 구해서 가지는 것이 마땅합니다. 그러나 인간의 욕심은 여기에서 끝나지 않습니다. 먹을 것, 입을 것, 거처할 곳이 있음에도 계속 무엇인가를 더 구하여 가지려고 합니다. 더 크고, 더 많고, 더 좋은 것을 구합니다. 이러한 욕망이 끝이 없습니다.

그리고 세상에는 이러한 모든 욕심을 채워 줄 수 있는 수단이 하나 있습니다. 그것은 돈입니다. 그리하여 사람들은 결국에 돈을 구하는 것을 가장 큰 가치로 여기며 살아가게 됩니다. 돈을 위한, 돈에 의한, 돈의 인생을 사는 것입니다. 돈이 있으면 안심이 되고 없으면 걱정이 됩니다. 돈이 있으면 기쁘고 없으면 슬픕니다. 돈이 있으면 자면서도 웃고 없으면 자면서도 얼굴을 찌푸립니다.

이러한 욕심의 정도가 심하면 결국에 돈 사람이 됩니다. 정신이 돈다는 것입니다. 그리하여 돈을 갖지 않는다고 폭행을 합니다. 돈 때문에 사기와 공갈과 협박을 합니다. 돈을 뺏으려고 살인합니다. 돈을 잃었다고 자살합니다. 이러한 자들은 돈 때문에 돈 사람들입니다.

돈에 집착하는 것은 탐심입니다. 탐심을 가진 사람들은 크게 두 부류입니다. 하나는 재산을 쌓아 놓은 부자들입니다. 다른 하나는 재산은 없지만 돈을 탐하는 사람들입니다. 둘 모두 죄에 빠진 사람들입니다. 이들은 욕심을 잉태하고 있으므로 죄를 낳게 됩니다. 야고보서 1장 15절을 보겠습니다.

"욕심이 잉태한즉 죄를 낳고 죄가 장성한즉 사망을 낳느니라" (약 1:5).

재물을 쌓아 놓은 사람은 돈을 의지한 죄와 가난한 자를 돕지 않은 죄를 짓는 것입니다. 재물은 없지만 탐심이 있는 사람도 죄를 짓는 것입니다. 탐심 자체가 죄이기 때문입니다. 그 탐심이 동기가 되어 다른 죄도 짓게 됩니다. 이들은 자기가 욕망하는 것을 반드시 갖기를 원합니다. 이들이 원하는 것은 단지 굶지 않을 양식과 헐벗지 않을 옷이 아닙니다. 그 이상의 무엇인가를 구하고 있습니다.

믿는 자와 믿지 않는 자는 여러가지 면에서 구별이 됩니다. 무엇을 구하는 지를 보면 알 수 있습니다. 믿는 자와 믿지 않는 자는 원하여 가지려고 하는 것에 차이가 있습니다. 믿는 자들은 검소하고 소박한 삶을 사는 데 꼭 필요한 것만 원하여 구합니다. 어떤 거듭난 사람들은 최소한으로 구합니다. 이러한 사람들은 필요 이상의 것이 들어오면 남에게 나누어 주기를 기뻐합니다.

믿지 않는 자들은 최대한 많은 것을 구합니다. 그들은 구하는 것이 어느 정도 충족되면 다시 더 구합니다. 그리고 또 구합니다. 그럼에도 만족을 못합니다. 이들은 욕심으로 한없이 더 많이 구하여 소유하려고 합니다.

믿지 않는 자들이 이렇게 살아가는 것은 당연한 것입니다. 왜냐하면 예수를 믿지 않는 사람들은 돈을 믿기 때문입니다. 그러나 여기서 말씀하려는 것은 믿는 자들의 삶에 관한 것입니다. 지금 지적하려는 것은 믿는 자들 중에도 믿지 않는 자들과 같은 모습으로 살아가는 사람들이 많다는 것입니다.

교인들이 돈을 탐하고 돈을 섬기는 삶을 살고 있는 주된 이유 중에 하나는 교회에서 잘 못 배웠기 때문입니다. 목사들이 교인들에게 그렇게 살아도 좋다고 가르치기 때문입니다. 번영 복음을 가르치는 목사는 "네 입을 크게 열라"는 성경 구절을 종종 인용합니다. 이 구절을 돈을 크게 구하여 부자가 되라는 의미로 사용을 합니다. 그리고 부유함을 누리고 헌금도 많이 하라고 유혹합니다. 이렇게 가르치는 것은 성경을 잘 못 푼 것입니다. 시편 81장 10절을 보겠습니다.

"나는 너를 애굽 땅에서 인도하여 낸 여호와 네 하나님이니 네 입을 크게 열라 내가 채우리라 하였으나" (시 81:10).

여기서 크게 벌린 입을 채운다는 의미는 먹을 양식을 충분히 준다는 의미입니다. 필요한 것을 채워준다는 의미입니다. 재물을 많이 쌓도록 해주겠다는 의미가 아닙니다.

이처럼 성경을 잘 못 풀어 교인들을 미혹하는 사람을 거짓 목사라고 합니다. 한국의 교회 안에는 이와 같은 거짓 목사들이 많습니다. 목사가 이처럼 잘못 가르치므로 믿는 사람들의 재물에 대한 태도가 믿지 않는 자들과 다를 바가 없습니다.

먹고 입는 것에 관하여 성경이 가르치는 것은 구하지도 말라는 것입니다. 왜냐하면 하나님이 이미 알고 있기 때문입니다. 본문 말씀 중 마태복음 6장 31절, 32절을 보겠습니다.

"그러므로 염려하여 이르기를 무엇을 먹을까 무엇을 마실까 무엇을 입을

까 하지 말라" "이는 다 이방인들이 구하는 것이라 너희 하늘 아버지께서 이 모든 것이 너희에게 있어야 할 줄을 아시느니라" (마 6:31-32).

하나님은 믿는 자들의 필요를 당사자 보다 더 잘 압니다. 그리하여 때때로 생각하지도 않은 것을 줍니다. 그러니 구할 필요도 이유도 없습니다. 구하지 않았음에도 받게 된 나의 체험 중에 한 가지를 잠시 나누겠습니다.

내가 집사였을 때에 한 노인 권사를 내 차에 태우고 특별 새벽 예배를 가게 되었습니다. 그날 새벽에 나는 양치질을 하고 치약을 모두 다 사용하여서 껍데기를 쓰레기 통에 버렸습니다. 그리고 새벽 예배 후 오는 길에 치약을 살 계획이었습니다.

준비를 하고 그 권사를 태우러 갔습니다. 그 권사는 내 차를 타자마자 고맙다고 말하면서 치약을 하나 주었습니다. 나는 깜짝 놀랐습니다. 그리고 그 권사에게 내가 치약을 십분 전에 다 쓰고 새 것을 하나 사려고 했는 데 권사님이 주었다고 하였습니다. 그 권사는 하나님이 필요를 알고 준 것이라고 말을 하였고 나도 그 말씀에 아멘을 하였습니다.

이 권사가 준 치약은 보통의 치약이 아니었습니다. 시중에는 팔지 않고 특별한 마케팅을 통하여만 파는 것인데 가격이 보통 치약보다 훨씬 비싼 고급 치약이었습니다. 그리고 치약을 개인적으로 주고받는 일은 거의 없습니다. 나는 이 일과 관련하여 곰곰이 묵상하였습니다. 그리고 세 가지를 깨닫게 되었습니다.

첫째, 하나님은 나의 필요를 아신다.

둘째 하나님은 가장 적절한 때에 필요를 공급하신다.

셋째, 하나님은 항상 가장 좋은 것으로 주신다는 것입니다.

받은 치약은 십 불짜리에 불과하지만 이 일로 깨달은 것은 백만 불짜리였습니다. 처음에 깨달은 것은 첫째 항목 하나였습니다. 하나님은 구하지 않아도 나의 필요를 안다는 것입니다. 그런데 얼마 후에 하나님은 가장 적절한 때에 가장 좋은 것으로 준다는 것까지 깨달음으로써 감동이 훨씬 커졌습니다. 그리하여 이 깨달음을 백만 불짜리라고 부르는 것입니다.

여기서 한 가지 더 주목하려는 것은 치약을 마지막 한 방울까지 다 쓴 후에 새 치약을 주었다는 사실입니다. 이렇게 한 것은 만나를 공급한 원리와 같은 것입니다. 전 날 분량을 다 먹고 없을 때에 다음 날 아침에 새로운 만나를 공급합니다. 나의 치약에도 동일한 방법으로 행한 것입니다.

여기에는 교훈이 있습니다. 사람들이 끝까지 기다리지 못하여 낙심하거나 절망하지 말아야 한다는 것입니다. 살다 보면 며칠 내로 돈이 꼭 필요한데 없을 경우가 있습니다. 이러한 일이 있을 때 걱정이 앞서 미리 돈을 빌리지 않아야 합니다. 당일까지 기다려야 합니다. 그러면 주십니다. 삼 일간 쓸 치약이 남아 있을 때에는 새 치약을 주지 않았습니다. 다 쓰고 난 후에 주었다는 사실에 그러한 교훈이 있습니다.

며칠 전에 미리 돈을 주지 않는 것은 아마도 여러분의 믿음을 시험하기 위한 것인 지 모릅니다. 이 시험에 통과하지 못하면 계속 돈을 빌리는 삶을 살게 됩니다. 아브라함과 사라는 늙을 때까지 자식이 없으므로 여종 하갈에게서 이스마엘을 낳았습니다. 그리고 그를 상속자로 삼으려고 했습니다. 그러나 하나님은 더 기다리게 하였습니다. 이삭을 주었고 그를 상속자로 삼았습니다.

그러나 사람들은 기다리지 못하여 이스마엘을 낳아버립니다. 이스마엘은 지금 아랍 민족의 조상입니다. 이스마엘은 이삭의 자손인 이스라엘을 대적하는 자들의 조상이 되었습니다. 줄 때까지 기다리지 않고 조급한 마음으로 자신의 소견을 따라 일을 하면 이스마엘을 낳는 것입니다.

여러분은 아마도 두 가지를 다 경험하였을 것입니다. 끝까지 기다려서 응답을 받은 적도 있고 초조한 심정에 기다리지 못하여 일을 그르친 적도 있을 것입니다. 믿는 자들이 필요한 것을 채우는 것에 관하여 성경이 가르치는 것은 매우 단순합니다. 하나님이 필요를 알고 준다는 것과 주지 않으면 없이 지내라는 것입니다.

그럼에도 불구하고 믿는 자들이 먹고 사는 문제로 근심합니다. 살면서 여러 종류의 근심 걱정이 있겠지만 가장 기본적으로 많이 하는 것이 먹고 사는 것에 관한 것입니다. 그런데 이러한 근심은 실제로 먹을 것이 부족하여 하는 걱정은 아닙니다. 상대적 빈곤감과 부하려는 욕심에 근거한 걱정입니다.

또 다른 한 가지 이유는 하나님이 준 재정을 잘 못 사용함으로써 결핍하게 되어 근심하는 경우가 있습니다. 즉 욕심을 버리지 않는 한, 먹고 입는 것으로 만족하지 않는 한, 있는 그대로 자족하지 않는 한, 재정을 바르게 사용하지 않는 한 세상 근심은 떠나지 않습니다.

지금부터는 재정 문제의 어려움을 극복하는 지혜에 대하여 나누겠습니다. 믿는 자가 재정적으로 어려움을 겪고 있다면 그 이유는 재정을 잘 못 사용하고 있기 때문입니다. 왜냐하면 하나님은 믿는 사람들의 모든 필요를 안다고 하였고 그것을 공급한다고 약속하였기 때문입니다.

그러나 많은 사람들이 재정이 어려운 이유가 하나님이 충분히 주지 않았기 때문이라고 여기고 더 달라고 구합니다. 이렇게 하는 것은 바르지 않습니다. 이렇게 하는 것이 바르지 않다는 깨달음이 없으면 재정 사용에 대한 지혜를 얻을 수 없습니다.

어떤 한 경우를 가정하겠습니다. 직장에서 일 하는 남편과 가정주부인 아내가 어린 자녀 하나를 데리고 보증금 삼천 만 원에 월세가 칠십 만 원인 빌라에 살고 있습니다. 그런데 남편이 코로나로 인해 직장을 그만두게 되어 수입이 끊어졌습니다. 그리하여 월세를 낼 수 없게 되었습니다. 새로운 직장을 달라고 기도를 하는 데 삼 개월째 직장을 찾지 못하였습니다.

이러한 일이 있으면 보통의 사람들은 하나님이 왜 안 채우는지 의아해하며 시험에 들기도 합니다. 이러한 상황에서 이 사람이 해야 하는 것은 매우 간단합니다. 보증금 천만 원에 월세 오십 만 원의 집으로 이사를 하면 됩니다. 그리하면 이천 만 원의 여유 돈이 생기므로 재정의 어려운 문제가 해결됩니다.

이것이 하나님이 원하는 것이며 더욱 검소하고 소박한 삶으로 인도하는 것입니다. 이 사람은 그 여유 돈으로 삼백 만 원의 구제 헌금을 할 수도 있습니다. 이렇게 되면 대 반전이 일어나는 것입니다. 집세도 못 낼 정도로 어려운 상태에서 오히려 더 어려운 사람을 구제하게 되는 역전의 드라마를 쓰게 되는 것입니다.

이 때에 월세를 내기 위하여 신용카드를 사용하거나 남에게 빌리지 않아야 합니다. 믿는 자들은 빚을 지지 않아야 합니다. 빚을 지는 것은 하나님 외의 것을 의지하는 것입니다. 인내심이 없는 것입니다. 믿음이 없는 것입니다. 하나님이 기뻐하지 않는 일입니다.

믿는 자들은 구하기 전에 하나님이 이미 필요를 알고 공급합니다. 그럼에도 믿는 자들이 먹고 사는 문제로 근심하고 있습니다. 본문 마지막 구절을 보겠습니다.

> "그러므로 내일 일을 위하여 염려하지 말라 내일 일은 내일이 염려할 것이요 한 날의 괴로움은 그 날로 족하니라" (마 6:34).

이 구절은 염려하지 말라고 말씀합니다. 그런데 그 표현이 매우 재미있습니다. 내일 일은 내일이 염려할 것이라고 합니다. 이 표현은 내일 일을 염려하지 말라는 것을 강조한 표현입니다.

한 날의 괴로움은 그 날로 족하다는 말씀은 다음 날에는 그 괴로움이 해결될 수 있다는 의미입니다. 당일에 해결될지도 모르는 일을 한달 전부터 해결되지 않을까 걱정하는 것은 어리석은 것이라고 지적하는 것입니다.

그러니 이제 여러분의 기도가 변해야 합니다. 내일 일을 염려하여 구하지 않아야 합니다. 먹고 입는 것과 재물을 구하지 않아야 합니다. 다른 것을 구해야 합니다. 하나님이 기뻐하는 것을 간구해야 합니다. 본문 말씀 중 마태복음 6장 33절을 보겠습니다.

"그런즉 너희는 먼저 그의 나라와 그의 의를 구하라 그리하면 이 모든 것을 너희에게 더하시리라" (마 6:33).

바로 이것이 한 번에 모든 것을 해결하는 비밀입니다. 모든 염려를 날려버릴 수 있는 기도입니다. 먼저 그의 나라와 그의 의를 구하는 것입니다. 이렇게 하면 다른 필요한 것은 자동으로 따라오는 것입니다. 고급 상품을 사면 사은품을 주는 것과 같습니다.

여기서 주목할 만한 단어는 "모든 것"입니다. 하나님의 나라와 뜻을 구하는 사람에게는 어느 특별한 한 두 가지가 아니라 모든 것을 더 주신다는 것입니다. 이는 마치 자동차를 한대 구입하였더니 TV, 냉장고, 세탁기, 에어컨, 정수기, 소파, 침대, 책상 등 모든 살림살이를 사은품으로 받는 것과 같은 것입니다. 이 정도면 괜찮은 거래가 아니겠습니까?

그렇다면 지금부터는 내일 일을 염려하지도 않고, 빚도 지지 않으면서 그의 나라와 의를 구하는 것이 어떠한 삶인지를 현실에 적용하여 설명하겠습니다.

첫째, 빚이 없는 삶을 사십시오. 빚지는 것이 성경적인 삶이 아니라는 것은 이미 설명 드렸습니다. 그러니 은행융자와 신용카드를 포함한 모든 빚을 정리하십시오. 주택자금 융자도 집을 팔아 갚으십시오. 그리하여 은행의 종 노릇 하지 마십시오. 그리고 앞으로는 경제 원리를 적용하지 말고 성경의 원리를 적용하여 생활하십시오.

경제 원리를 적용하는 예를 들어보겠습니다. 보증금 삼천 만 원에 월세 삼십오만 원을 내는 사람은 칠천 만 원을 융자하여 같은 집을 일억 원에 전세로 살면 비용이 절약된다고 합니다. 즉 이자가 월세보다 금액이 적다는 것입니다. 돈이 절약되는 것은 사실이지만 이렇게 하면 빚을 지지 말라는 하나님의 계명을 어기는 것입니다. 믿는 자들은 돈을 절약하는 것 보다 하나님의 계명을 지키는 것이 더 중요합니다.

여기서 한국 사람들이 월세에 대하여 갖는 특별한 부담감에 대하여 잠시 나누겠습니다. 한국은 전세 제도가 오랫동안 있어 왔습니다. 상당한 액수를 집 주인에게 맡기고 월세를 내지 않고 사는 것입니다. 많은 한국 사람들이 이러한 전세 제도에 이미 익숙해져 있으므로 월세에 대한 상당한 거부감과 아까운 마음을 갖고 있습니다.

그러나 미국은 전세 제도가 없습니다. 집을 소유하든지 월세로 사는 것입니다. 월세인 경우 보증금은 한 달 반 치의 월세와 동일한 금액으로 하는 것이 법입니다. 뉴저지의 한인들이 많이 사는 곳의 월세는 미국 평균보다 많이 높은 편입니다.

방이 3개인 아파트나 단독 주택의 월 임대료는 평균 이백 만 원 정도입니다. 보증금은 삼백 만 원입니다. 미국인의 사고방식은 이렇게 사는 것이 당연하고 자연스러운 것입니다. 미국인의 삼분의 일이 이처럼 상당한 액수의 월세를 내며 살고 있습니다.

지금 설명을 드리려는 것은 주택제도에 관한 것이 아닙니다. 어느 것이 더 경제적인 지를 분석하는 것도 아닙니다. 지금 지적하려는 것은 어떤 형태로 거주하는 것이 가장 성경적인 지에 관한 것입니다. 그것은 월세입니다. 월세로 사는 것이 성경적인 삶이므로 믿는 사람들은 월세를 아까워하는 마음을 버리라는 것입니다.

월세로 사는 것이 성경적인 이유는 간단합니다. 월세로 살면 집을 구입하거나 전세로 살 때 보다 큰 돈이 들어가지 않음으로 더 많이 하나님께 드릴 수 있기 때문입니다. 또한 오늘 밤에 여러분의 영혼이 어떻게 될지 모르는데 큰 전세돈과 집값을 남기고 가면 어리석은 일이기 때문입니다.

둘째, 경제 규모를 최대한 줄이십시오. 지출 항목 수와 금액을 줄이십시오. 우선 집을 소유한 분들은 팔아서 융자금을 갚으십시오. 그리고 월세집으로 옮기고 남는 돈은 모두 헌금하여 하늘에 보화를 쌓으십시오.

셋째, 삶을 단순화하십시오. 삶의 복잡한 것들을 정리하고 가정과 교회 위주의 단순한 삶을 살면서 절제하는 생활을 체질화하십시오. 그리고 믿음 생활에 중심을 두십시오. 하나님의 일에 더욱 집중하십시오.

이상의 세 가지가 여러분의 인생에 잘 정착이 될 때 여러분이 갖는 유익은,

첫째, 돈의 종 노릇 하지 않습니다.

둘째, 내일 일을 염려하지 않습니다.

셋째, 땅의 것을 구하지 않습니다.

넷째, 하나님의 나라와 의를 구합니다.

이 말씀은 한 마디로 표현하면 지극히 평안한 삶을 살게 된다는 것입니다. 거룩한 삶을 살게 된다는 것입니다. 하나님이 기뻐하는 삶을 살게 된다는 것입니다.

여러분 모두 구하지 않아도 받을 수 있는 것을 위하여 염려하는

어리석은 사람이 되지 말고 하나님의 나라와 의만 구하여 다른 모든 것까지 얻는 지혜로운 사람이 되기를 우리 주 예수 그리스도의 이름으로 축복합니다.

5
도둑질한 것을 갚으라

"사람이 어찌 하나님의 것을 도둑질하겠느냐 그러나 너희는 나의 것을 도둑질하고도 말하기를 우리가 어떻게 주의 것을 도둑질하였나이까 하는도다 이는 곧 십일조와 봉헌물이라" "너희곧 온 나라가 나의 것을 도둑질하였으므로 너희가 저주를 받았느니라" (말라기 3:8-9).

성경에는 자수하여 광명을 찾은 한 인물이 있습니다. 이 사람은 죄를 지었는데 자수하면서 동시에 회개를 하였습니다. 그리고 회개에 합당한 열매를 맺었습니다. 이 사람이 지은 죄는 도둑질이었습니다. 속여 빼앗은 죄입니다.

누가복음 19장 8절을 보겠습니다.

"삭개오가 서서 주께 여짜오되 주여 보시옵소서 내 소유의 절반을 가난한 자들에게 주겠사오며 만일 누구의 것을 속여 빼앗은 일이 있으면 네 갑절이나 갚겠나이다" (눅 19:8).

삭개오는 이스라엘 동족의 세금을 징수하는 사람이었습니다. 그당시에는 세리들이 임의로 세금을 거두어 일정액만 로마에 바치고 나머지는 자신이 착복하는 일이 관례였습니다. 그러므로 그 당시의 세리는 이스라엘 백성 사이에서 손가락질을 받았고 죄인 취급을 당했습니다.

삭개오는 예수님을 보기 위하여 나무 위에 올라가 있다가 예수님을 만나게 되었습니다. 삭개오가 나무 위에까지 올라가서라도 예수님을 보기 원한 것으로 보아 그는 마음에 어떤 갈급함이 있었던 것으로 여겨집니다.

아마도 자신의 직업에 대한 양심의 가책을 느끼어 예수님을 만나 그러한 문제를 상의하고 싶었을 지 모릅니다. 예수님은 많은 군중들 중에서도 특별히 삭개오를 지명하여 그의 집을 방문하였고 삭개오가 결국 회개를 하게 된 것으로 미루어 보면 이러한 추측이 가능한 것입니다.

삭개오는 속여 빼앗은 것의 네 배에 해당하는 금액을 갚겠다고 하였습니다. 삭개오가 이렇게 말한 것으로 보아 삭개오는 하나님의 계명을 알고 있던 사람입니다. 왜냐하면 하나님의 계명은 훔친 짐승이 그대로 보존되어 있으면 두 배로 갚고 훔친 짐승을 이미 잡아먹었거나 팔았으면 네 배 또는 다섯 배로 갚도록 되어있기 때문입니다.

출애굽기 22장 1절과 4절을 보겠습니다.

"사람이 소나 양을 도둑질하여 잡거나 팔면 그는 소 한 마리에 소 다섯 마리로 갚고 양한 마리에 양 네 마리로 갚을지니라" (출 22:1).
"도둑질한 것이 살아 그의 손에 있으면 소나 나귀나 양을 막론하고 갑절을 배상할지니라" (출 22:4).

삭개오는 이러한 하나님의 법을 알고 자신에게 적용한 것입니다. 삭개오는 믿음이 있었던 사람이었으나 돈 욕심으로 한 동안 죄 중에 빠져서 세리의 일을 정직하게 하지 않았던 것입니다. 그러나 예수님을 만남으로 회개하고 회개에 합당한 열매를 맺기 위하여 자신이 속여 빼앗은 것을 하나님의 계명에 근거하여 돌려준 것입니다.

남의 것을 속여 빼앗는 사람들이 있습니다. 후진국은 경찰이나 권력을 가진 자들이 사람들의 것을 속여 뺏기도 하고 강제로 빼앗아 가기도 합니다. 남의 물건을 훔치는 것만 도둑질이 아닙니다. 초과 근로 수당을 주지 않는 것, 세금을 정직하지 않게 내는 것도 남의 것을 훔치는 것입니다. 이렇게 빼앗은 돈, 훔친 돈은 돌려주어야 합니다. 삭개오는 그렇게 하였습니다.

하나님은 사람의 것을 훔친 자도 벌하지만 하나님의 것을 훔치는 자도 벌합니다. 사람의 것을 훔친 자가 받는 벌보다 하나님의 것을 훔친 자의 벌이 더 중할 것이 분명합니다. 여호수아 7장 24절, 25절을 보겠습니다.

"여호수아가 이스라엘 모든 사람과 더불어 세라의 아들 아간을 잡고 그 은과 그 외투와 그 금덩이와 그의 아들들과 그의 딸들과 그의 소들과 그의 나귀들과 그의 양들과 그의 장막과 그에게 속한 모든 것을 이끌고 아골 골짜기로 가서" "여호수아가 이르되 네가 어찌하여 우리를 괴롭게 하였느냐 여호와께서 오늘 너를 괴롭게 하시리라 하니 온 이스라엘이 그를 돌로 치고 물건들도 돌로 치고 불사르고" (수 7:24-25).

아간이 감춘 재물은 하나님께 온전히 바쳐진 것으로 하나님의 소유입니다. 왜냐하면 노획물 모두를 하나님께서 바치라고 명하였기 때문입니다. 그러나 아간은 재물에 대한 욕심으로 하나님의 성물을 도둑질하였습니다. 그리하여 그와 그의 가족이 돌에 맞고 그의 소유가 불에 타는 벌을 받았습니다. 하나님의 것을 훔친 죄가 매우 엄중합니다.

다음은 사무엘상 2장 16절, 17절을 보겠습니다.

"그 사람이 이르기를 반드시 먼저 기름을 태운 후에 네 마음에 원하는 대로 가지라 하면 그가 말하기를 아니라 지금 내게 내라 그렇지 아니하면 내가 억지로 빼앗으리라 하였으니" "이 소년들의 죄가 여호와 앞에 심히 큼은 그들이 여호와의 제사를 멸시함이었더라" (삼상 2:16-17).

제사장 홉니와 비느하스가 하나님의 성물을 도둑질하였습니다. 제사 지내러 온 사람의 고기를 기름도 태우기 전에 빼앗았습니다. 기름은 하나님의 것이므로 기름을 태운 후에 그 고기를 제사장이 먹을 수 있습니다. 그러나 홉니와 비느하스는 기름채 구운 더 맛있는 고기를 먹으려고 제물을 가져온 사람의 고기를 강제로 빼앗은 것입니다. 이것은 하나님께 드릴 기름을 훔친 것입니다.

제사 지낸 고기도 정해진 이상으로 가져다 먹었습니다. 성물을 도둑질한 것입니다. 그의 아버지 엘리 제사장에게도 주고 자신들도 먹었습니다. 엘리 제사장의 몸이 비대한 이유가 있었던 것입니다. 두 아들이 가져다주는 기름을 떼지 않은 고기를 많이 먹었기 때문일 것입니다.

　그리하여 하나님은 엘리 제사장의 집안에 저주가 임할 것과 두 아들 홉니와 비느하스가 한 날에 죽을 것을 예언하였습니다. 사무엘상 2장 31절에서 34절까지를 보겠습니다.

> "보라 내가 네 팔과 네 조상의 집 팔을 끊어 네 집에 노인이 하나도 없게 하는 날이 이를지라" "이스라엘에게 모든 복을 내리는 중에 너는 내 처소의 환난을 볼 것이요 네 집에 영원토록 노인이 없을 것이며" "내 제단에서 내가 끊어 버리지 아니할 네 사람이 네 눈을 쇠잔하게 하고 네 마음을 슬프게 할 것이요 네 집에서 출산되는 모든 자가 젊어서 죽으리라" "네 두 아들 홉니와 비느하스가 한 날에 죽으리니 그 둘이 당할 그 일이 네게 표징이 되리라" (삼상 2:31-34).

　다른 모든 사람은 복을 받더라도 홉니와 비느하스의 집안에는 환난이 있을 것이고 후손들이 모두 젊어서 죽는다고 예언하였습니다. 하나님의 것을 훔친 죄가 이렇게 엄중합니다. 이 저주가 응하는 것을 보겠습니다. 사무엘상 4장 11절과 18절에서 20절까지를 보겠습니다.

> "하나님의 궤는 빼앗겼고 엘리의 두 아들 홉니와 비느하스는 죽임을 당하였더라" (삼상 4:11).
> "하나님의 궤를 말할 때에 엘리가 자기 의자에서 뒤로 넘어져 문 곁에서 목이 부러져 죽었으니 나이가 많고 비대한 까닭이라 그가 이스라엘의 사사가 된 지 사십 년이었더라" "그의 며느리인 비느하스의 아내가 임신하

여 해산 때가 가까웠더니 하나님의 궤를 빼앗긴 것과 그의 시아버지와 남편이 죽은 소식을 듣고 갑자기 아파서 몸을 구푸려 해산하고" "죽어갈 때에 곁에 서 있던 여인들이 그에게 이르되 두려워하지 말라 네가 아들을 낳았다 하되 그가 대답하지도 아니하며 관념하지도 아니하고" (삼상 4:18-20).

아버지와 두 아들과 며느리가 한 날에 모두 죽었습니다. 이 날에 이스라엘은 전쟁에서 패하고 하나님의 궤도 빼앗겼습니다. 하나님의 영광이 이스라엘을 떠났습니다. 하나님의 성물을 도둑질한 패역한 자의 말로가 참으로 비참합니다.

이상으로 하나님의 헌물을 도둑질한 아간과 엘리의 두 아들 홉니와 비느하스의 죄와 벌에 대하여 살펴보았습니다. 하나님의 것을 훔친 죄를 지은 이들은 사형에 처해지는 벌을 받았습니다. 가문에 저주가 임하는 벌을 받았습니다.

사람의 것을 훔친 죄는 몇 배로 변상하는 벌을 받으면 됩니다. 감옥에 가지도 않고 죽임당하지도 않습니다. 하나님의 것을 도둑질하는 죄는 사람의 것을 도둑질하는 죄의 크기와는 비교가 되지 않을 정도로 큽니다.

이러한 깨달음을 가지고 본문 말씀인 말라기 3장 8절, 9절을 다시 보겠습니다.

"사람이 어찌 하나님의 것을 도둑질하겠느냐 그러나 너희는 나의 것을 도둑질하고도 말하기를 우리가 어떻게 주의 것을 도둑질하였나이까 하는도다 이는 곧 십일조와 봉헌물이라" "너희 곧 온 나라가 나의 것을 도둑질 하였으므로 너희가 저주를 받았느니라" (말 3:8-9).

십일조와 봉헌물을 온전하게 바치지 않으면 하나님의 것을 도둑질한 것입니다. 하나님의 것을 도둑질하면 저주를 받습니다. 이 말씀은 지금도 유효합니다. 예수를 믿는 사람들은 십일조와 헌금을 하나님께 드려야 합니다. 많은 믿는 자들은 이 계명을 지킵니다. 그러나 십일조를 드리지 않는 사람들도 상당히 많이 있습니다. 십일조를 온전하게 드리지 않으면 도둑질입니다.

십일조를 하지 않거나 정확하게 십분의 일을 하지 않는 사람들은 회개하고 이제 부터라도 십일조를 바르게 드리십시오. 현재는 십일조를 하고 있지만 과거에 십일조를 하지 않은 것이 있다면 그 금액을 추산하고 소급하여 십일조를 하십시오.

예수를 믿지 않아 십일조를 하지 않았든지, 예수는 믿었지만 믿음이 약하여 하지 않았든지 상관없습니다. 모두 소급하여 십일조를 해야 합니다. 왜냐하면 도둑질 한 것은 갚아야 하기 때문입니다. 하나님의 것을 도둑질 한 죄로 저주를 받지 않아야 하기 때문입니다.

실제로 삶에 적용하는 예를 들어보겠습니다. 처음으로 돈을 벌기 시작한 때부터 지금까지 십일조를 내지 않은 기간의 총 수입을 산정하십시오. 정확한 금액은 아닐지라도 대략적안 추산은 가능할 것입니다. 예를 들어 십 년간 십일조를 드리지 않았는데 그 기간의 수입이 이억 원 정도 된다고 하면 그 금액의 십 분의 일인 이천 만 원을 십일조로 드리십시오.

한 번에 드리는 것이 여의치 않으면 시간의 여유를 가지고 갚아 나가십시오. 예를 들어 현재 오백 만 원의 재산이 있으면 그 것을 먼저 드리십시오. 그리고 나머지는 형편에 따라서 수시로 갚아 나가십시오. 은행 융자는 사람에게 빌린 돈이지만 얼마나 성실하게 갚고 있습니까? 그렇다면 하나님의 것을 갚는 데는 더욱 성실해야 할 것입니다.

현재 수입이 적어 매달 얼마씩 십일조를 갚기 힘들다면 하나님께 사정을 아뢰십시오. "하나님 제가 지금까지 십일조를 도둑질한 금액이 오천 만 원입니다. 지금 일억 원 전세에서 월세로 옮기면서 은행 융자 육천 만 원을 갚고 월세 보증금 삼천 만 원을 제하면 천만 원이 남습니다. 천만 원을 지금 드리면 과거 십일조 드리지 않은 오천 만 원을 모두 갚은 것으로 인정해주십시오"라고 기도하는 것입니다. 그렇게 하라는 성령의 감동이 오면 그렇게 하고 하나님의 성물을 훔친 자라는 올무에서 속히 벗어나십시오.

그리고 앞으로는 십일조와 헌금을 온전하게 하나님께 드리십시오. 중간에 중단하면 전에 할인해 준 것 하나님이 도로 물릴지 모릅니다. 하나님은 계산이 정확한 분입니다. 그런데 한 가지 유의해야 할 것은 밀린 십일조를 한 번에 갚을 만큼 재산이 있음에도 한 번에 갚지 않거나 깎아 달라고 하는 것은 합당하지 않습니다.

어떤 사람은 밀린 빚은 갚지 않고 비싼 집에 사는 사람이 있습니다. 돈을 빌려준 사람은 그 돈을 받지 못하여 경제적인 어려움을 겪고 있는데 돈을 빌린 사람은 부자로 살고 있는 경우가 있습니다.

이러한 사람은 사회에서 지탄을 받습니다. 마찬가지로 밀린 십일조를 갚을 수 있음에도 자신의 욕심 때문에 갚지 않는 사람은 십일조의 주인인 하나님으로부터 지탄을 받을 것이 분명합니다. 그러니 십일조와 관련하여 마음에 찔림이 있다면 회개하고 지금 예를 든 것처럼 재산을 팔아서라도 회개에 합당한 열매를 맺어야 할 것입니다.

지금부터는 십일조를 어디를 통해 하나님께 바쳐야 하는 것이 합당한 지에 대하여 나누어 보겠습니다. 보통 십일조는 자신이 섬기는 교회를 통하여 하나님께 드리고 있으며 그렇게 하는 것은 옳은 일입니다.

구약의 때에 십일조는 레위인에게 돌리고 레위인들은 기업을 갖지 않는 것이 법이었습니다. 이 법을 현대에 적용하면 십일조는 목회자나 교회 안에서 풀타임으로 섬기는 직분자들에게 생활비를 지급하는 용도로 사용할 수 있습니다. 또한 교회를 관리 유지하는 비용으로도 사용할 수 있습니다. 즉 교회의 운영과 관련된 직접 경비를 십일조로 충당하면 적절한 것입니다.

즉 십일조를 교회를 통하여 드리면 성경적으로 합당한 것입니다. 그러나 다른 통로를 이용하여 십일조를 드릴 수도 있습니다. 그것은 가난한 자들에게 주는 것입니다. 성경적으로 가난한 자는 먹을 것과 입을 것이 부족하여 고통을 당하는 사람들입니다. 그리고 한국의 경우는 연고자가 없는 재소자들도 이에 해당합니다. 이들에게 십일조와 헌금에 해당하는 돈을 주어도 되는 성경적인 근거는 마태복음 25장 35절에서 40절까지의 말씀에 있습니다.

"내가 주릴 때에 너희가 먹을 것을 주었고 목마를 때에 마시게 하였고 나그네 되었을 때에 영접하였고" "헐벗었을 때에 옷을 입혔고 병들었을 때에 돌보았고 옥에 갇혔을 때에 와서 보았느니라" "이에 의인들이 대답하여 이르되 주여 우리가 어느 때에 주께서 주리신 것을 보고 음식을 대접하였으며 목마르신 것을 보고 마시게 하였나이까" "어느 때에 나그네 되신 것을 보고 영접하였으며 헐벗으신 것을 보고 옷 입혔나이까" "어느 때에 병드신 것이나 옥에 갇히신 것을 보고 가서 뵈었나이까 하리니" "임금이 대답하여 이르시되 내가 진실로 너희에게 이르노니 너희가 여기 내 형제 중에 지극히 작은 자 하나에게 한 것이 곧 내게 한 것이니라 하시고" (마 25:36-40).

십일조와 헌금은 하나님께 드리는 것입니다. 그런데 이 구절의 말씀은 주리고 목마른 자나 헐벗은 자, 병든 자나 옥에 갇힌 자에게 한 것이 곧 주님께 한 것과 같다고 말씀합니다.

또한 성경에는 고넬료의 구제가 하나님께 상달되었다는 말씀이 있습니다. 즉 구제하는 돈은 하나님께 드려지는 것입니다. 사도행전 10장 4절을 보겠습니다.

"고넬료가 주목하여 보고 두려워 이르되 주여 무슨 일이니이까 천사가 이르되 네 기도와 구제가 하나님 앞에 상달되어 기억하신 바가 되었으니" (행 10:4).

그러므로 궁핍하고 고난에 처한 자들을 돕고 구제하는데 돈을 사용하면 하나님께 드린 것입니다. 이렇게 성경을 해석하는 것은 매우 중요한 의미가 있습니다.

왜냐하면 참 교회를 찾지 못하여 혼자 믿음 생활을 하는 사람들이 십일조와 헌금을 드릴 적당한 곳을 찾지 못하고 있기 때문입니다. 이러한 분들은 십일조와 헌금에 해당하는 금액을 구제하는데 사용하면 하나님이 기쁘게 받는 헌물이 됩니다.

교회 건물에 돈을 많이 들이거나 목회자들의 사례비와 활동비를 과도하게 사용하는 교회들이 있습니다. 이러한 교회는 비록 자신이 섬기고 있을지라도 십일조와 헌금을 그곳에 해야 할지 고민할 필요가 있습니다. 이러한 사람들도 그곳에 십일조 드리는 것 보다 직접 구제를 하는 것이 하나님께서 더 기뻐할 것으로 여겨집니다.

사실 거짓 목사에게는 헌금을 할수록 죄가 되는 것입니다. 이는 바알의 제사장에게 제물을 바치는 것과 같은 것입니다. 하나님께서 진노할 것입니다. 그러니 돈도 잃고 복도 잃는 이러한 일을 하지 않아야 하겠습니다.

또 다른 한 가지 방법은 참 교회를 알아내어 그곳에 하는 것입니다. 비록 그 교회를 직접 섬기지는 않더라도 참 주의 종을 통하여 십일조와 헌물을 드리면 하나님이 기쁘게 받을 것이 분명합니다.

십일조와 헌금을 드릴 곳을 기도하십시오. 그러면 그것이 가난한 자이든, 구제 기관이든, 참 교회이든 성령이 인도할 것입니다. 하나님은 자신의 재물이 헛된 곳에 쓰이는 것을 기뻐하지 않습니다. 그렇게 하는 것은 성물을 도둑질 한 죄와 다름이 없습니다. 그러므로 기도하면 십일조와 헌금을 어디에 할지 성령이 감동을 줄 것입니다.

십일조와 관련하여 잘못 이해하는 것이 하나 있습니다. 말라기 3

장 10절을 보겠습니다.

"만군의 여호와가 이르노라 너희의 온전한 십일조를 창고에 들여 나의 집
에 양식이 있게 하고 그것으로 나를 시험하여 내가 하늘 문을 열고 너희
에게 복을 쌓을 곳이 없도록 붓지 아니하나 보라" (말 3:10).

이 구절은 본문 말씀에 이어지는 것으로 온전한 십일조를 하나님
께 드리면 큰 복을 준다는 말씀입니다. 그런데 큰 복을 준다는 것을
"복을 쌓을 곳이 없도록 붓는다"고 표현하고 있습니다. 그래서인지
많은 성경 교사들이 이 구절을 돈을 많이 쌓게 해준다는 의미로 해
석합니다. 그러나 그것은 틀린 해석입니다.

그렇게 해석하는 것은 복과 돈을 항상 같은 의미로 해석하는 기복
신앙이고 번영복음입니다. 먹고 입을 수 있을 만큼의 돈이 들어오는
것은 큰 복임에 분명합니다. 왜냐하면 인류의 삼분의 일이 그렇지 못
하기 때문입니다. 그러나 그 이상의 돈이 들어오는 것은 그 돈을 어
떻게 사용하는 지로 복과 화가 결정되는 것입니다. 그러므로 큰 재
물이 들어오는 자체를 복으로 해석하지 않아야 합니다.

따라서 말라기 3장 10절의 쌓을 것이 없도록 부어지는 복은 굶지
않는 복과 영적인 복을 의미하는 것입니다. 궁극적으로는 영혼이 구
원받는 복입니다. 돈이 무더기로 쏟아지는 것이 아닙니다.

미국에서 어떤 교인이 목사가 십일조를 하면 수입이 더 늘어난다
고 말하여 일 년 넘게 십일조를 하였다고 합니다. 그런데 오히려 수
입이 줄고 형편이 더 어려워졌습니다. 그리하여 십일조 드리는 것을

그만두었습니다.

이 사람은 말라기 3장 10절 말씀을 잘못 해석한 목사의 피해자 중의 하나입니다. 이 목사는 성경을 잘못 풀어 교인을 실족하게 한 죄를 지은 것입니다. 한국의 많은 목사들이 동일한 죄를 짓고 있습니다.

십일조는 하나님의 것이므로 돌려주는 것입니다. 법이므로 지켜야 하는 것입니다. 예수님도 십일조를 하라고 가르쳤습니다. 십일조에 따르는 상급도 하나님의 주권 하에 있는 것입니다.

십일조를 해도 사업이 잘 안될 수도 있습니다. 병이 날 수도 있습니다. 그러나 온전한 십일조를 바치는 자는 어찌됐던 복을 크게 받게 된다는 것은 하나님의 약속입니다. 그러니 그 복이 눈에 안보이고 손에 만져지지 않는다고 중단하지 마십시오. 꼭 지켜 행하십시오.

여러분 모두 온전한 십일조와 헌물을 하나님께 드리되 밀린 것까지 다 드려서 큰 복, 온 집안이 구원받게 되는 복을 누리기를 우리 주 예수 그리스도의 이름으로 축복합니다.

6
빛을 지지 말라

"피차 사랑의 빚 외에는 아무에게든지 아무 빚도 지지 말라 남
을 사랑하는 자는 율법을 다 이루었느니라" (로마서 13:8).

빚이라는 단어는 몇 가지 다른 의미로 사용됩니다. 돈을 빌렸을 때
에 빚을 졌다고 합니다. 그리고 도움을 받았을 때에나 신세를 졌을
때에도 빚을 졌다고 표현합니다. 그리고 세상에서는 잘 사용하지 않
지만 성경은 사랑의 빚이라는 표현을 합니다.

사랑의 빚은 처음에 언급한 두 가지 빚과 다릅니다. 단순히 다른
것이 아니라 정 반대의 개념을 갖습니다. 반대의 개념이라고 말하는
이유는 돈의 빚이나 신세를 지는 빚은 안 질수록 좋은 것입니다. 그
러나 사랑의 빚은 많을수록 좋기 때문입니다. 그러므로 본문 말씀은
서로 사랑의 빚을 지라고 가르칩니다.

피차에 사랑의 빚을 지라는 것은 서로 사랑하라는 뜻입니다. 사랑
을 받을 때에 사랑의 빚을 지는 것인데 이러한 빚은 많이 져도 좋은
것입니다. 그리고 자신이 남을 사랑하면 남이 자신에게 사랑의 빚을
지게 되는 것입니다. 이러한 빚은 많이 지게 만들수록 좋은 것입니다.
이것이 다른 빚을 지는 것과 다른 것입니다.

세상의 경제 구조는 빚을 지고 살도록 디자인되어 있습니다. 집을 살 때에, 자동차를 살 때에 융자합니다. 사업자금도 융자합니다. 신용카드는 결제 수단이며 동시에 돈을 빌리는 수단입니다.

그 외에도 여러가지 종류의 대출이 있습니다. 지금은 사람들이 이러한 융자제도를 적절히 이용하지 않으면 삶을 영위하기 어려운 세상이 되었습니다. 은행이 없으면 경제가 돌아갈 수 없게 되어 있습니다.

고대에도 돈을 꾸어 주고 받는 일이 있었습니다. 그러한 일을 할 수 있는 기관도 있었습니다. 그러나 현대의 은행과 같이 전문적인 융자 기관은 없었습니다. 근대에 오면서 은행이라는 기관이 만들어졌습니다. 이 기관의 궁극적인 목적은 가능한 사람들이 자신에게 빚을 많이 지도록 하는 것입니다. 사람들이 은행에 빚을 많이 질수록 은행의 수입이 늘어나기 때문입니다.

먹을 것과 입을 것이 부족하여 남에게 돈이나 식량을 빌리는 경우가 있습니다. 성경은 이러한 사람들에게 후하게 빌려주라고 가르칩니다. 신명기 15장 7절, 8절을 보겠습니다.

"네 하나님 여호와께서 네게 주신 땅 어느 성읍에서든지 가난한 형제가 너와 함께 거주하거든 그 가난한 형제에게 네 마음을 완악하게 하지 말며 네 손을 움켜 쥐지 말고" "반드시 네 손을 그에게 펴서 그에게 필요한 대로 쓸 것을 넉넉히 꾸어주라" (신 15:7-8).

성경도 이처럼 경우에 따라서는 빚을 질 수 있다는 것을 인정합니다. 그러나 가난한 자에게 꾸어 주는 것은 은행이 이자 수입을 목적으로 꾸어 주는 것과는 의미가 다릅니다. 가난한 자에게 필요한 것을 빌려주는 것은 사랑하는 마음으로 도와주는 것입니다. 그러므로 이자를 받지 말라고 합니다. 출애굽기 22장 25절을 보겠습니다.

> "네가 만일 너와 함께 한 내 백성 중에서 가난한 자에게 돈을 꾸어 주면 너는 그에게 채권자 같이 하지 말며 이자를 받지 말 것이며" (출 22:15).

현대의 사람들이 빚을 지는 것은 고대 사람들이 먹을 것과 입을 것이 부족하여 빚을 지는 것과는 성격이 다릅니다. 기업체들은 사업을 위하여 은행에 큰 금액의 빚을 집니다. 이렇게 돈을 빌리는 것을 대출 또는 융자를 받는다고 합니다. 기업체가 대출을 받는 이유는 경제적인 원리에 근거한 것입니다. 융자한 돈으로 이자 금액 이상을 벌 수 있다는 계산이 나오면 융자를 합니다.

그러나 기업체의 예측이 틀려 은행의 빚을 못 갚는 경우도 많습니다. 이런 경우에 기업체는 결국 문을 닫고 망하게 됩니다. 이러한 예는 개인에게도 마찬가지입니다. 한국이나 미국에도 생계형 대출이 없는 것은 아닙니다. 그러나 많은 경우에 개인이나 가족이 더 풍족하게 경제적인 욕구를 채우려고 빚을 집니다.

그리고 이들이 대출을 받을 때에는 자신의 수입으로 그 대출금을 잘 갚을 수 있다는 계산을 한 것입니다. 그러나 실직을 하거나 사업이 잘 되지 않아 융자금을 갚지 못하기도 합니다. 그리하여 신용불량자가 되고 파산하게 됩니다.

성경은 사랑의 빚 외에는 지지말라고 가르칩니다. 그리고 하나님을 믿는 자는 하나님이 먹을 것과 입을 것을 공급한다고 약속하였습니다. 그러므로 믿는 자들은 아무 빚을 지지 않아야 하며 빚을 질 이유도 없습니다. 빚이 없으면 신용불량자가 되지도 않고 파산하게 되지도 않습니다.

은행은 이자가 주 수입원이지만 은행의 이자율은 경제 상황이나 정부의 정책에 따라 변합니다. 정부가 조정합니다. 미국의 시중 금리는 1980년대에 20퍼센트를 넘은 기록이 있고 2010년대에는 1퍼센트 이하로 떨어지기도 하였습니다. 최근에는 미국의 저축 금리가 0.1 퍼센트까지 내려갔습니다.

은행이 돈을 버는 원리를 잠시 설명하겠습니다. 은행은 소유한 액수의 5배에서 10배의 금액을 융자해 줄 수 있습니다. 즉 1억 원의 현금을 가지고 있으면 10억 원 까지 대출해 줄 수 있습니다.

연 이자율 5퍼센트로 10억 원을 대출해 주면 연 이자 수입이 5천만 원이 됩니다. 이 경우에 1억 원을 가지고 1년에 5천만 원을 번 결과가 되므로 은행의 수익률은 실제로 50퍼센트가 되는 것입니다. 즉 실제 이자율보다 10배나 더 버는 것입니다. 다시 말하면 1퍼센트로 아주 낮게 대출을 해주어도 실제로는 10퍼센트의 큰 수익을 얻는 것입니다. 은행은 이러한 원리로 돈을 벌고 있습니다. 세상에서 돈을 가장 잘 버는 곳이 은행인 이유가 여기에 있습니다.

세계의 대부분의 은행은 소수의 사람들이 소유하고 있습니다. JP모건이라는 은행가가 있었습니다. 이 사람은 JP모건 체이스 뱅크의 경영주였고 세계적인 재벌이었습니다. 그러나 이 사람도 실제로는 영국의 로스 차일드 페밀리의 재산 관리인 중 한 사람에 불과합니다. 철강 왕 카아네기와 세계적인 재벌 록펠러도 로스 차일드의 휘하에 있던 사람이며 지금은 사돈지간이 되었습니다.

로스 차일드 패밀리는 세계의 부의 반을 가지고 있다고 사람들이 평가할 정도로 거부입니다. 이들의 수입의 핵심이 바로 은행입니다. 미국 연방은행도 사실상 이들의 소유라는 것을 알면 여러분은 놀랄 것입니다.

미국 연방은행은 그 이름만 보면 미국 정부가 관리하는 은행으로 이해하기 쉽습니다. 그러나 미국 연방은행의 지분은 미국 정부가 30퍼센트, 외국정부들이 30퍼센트, 개인이 40퍼센트의 지분을 가지고 운영되고 있습니다. 그리고 이 개인이 바로 로스 차일드 패밀리입니다.

미국이 화폐를 발행하는 결정도 이들이 관여합니다. 지금 미국 정부는 수경원에 달하는 빚을 지고 있습니다. 그 중에 40퍼센트는 이들에게 갚아야 할 돈입니다. 미국 세금의 60퍼센트가 빚을 갚는데 사용된다는 사실은 놀랄 만합니다. 그러나 이 금액의 40퍼센트가 로스 차일드 일가에 지급되고 있다는 것은 더욱 놀랄 만한 사실입니다.

다시 말하면 미국인들의 세금의 60퍼센트 중에 40퍼센트가 이들에게 흘러 들어간다는 것입니다. 이것을 다시 계산하면 60퍼센트 곱하기 40퍼센트 하여 24퍼센트가 됩니다. 24퍼센트이면 약 4분의 1입니다. 즉 미국인의 세금의 사분의 일에 해당하는 금액이 소수의 개인들에게 돌아간다고 생각을 해보십시오. 이들의 수입과 재산은 계산이 불가능할 것입니다.

마지막 때에 사람들에게 베리칩을 주입하여 전인류를 통제하려는 적그리스도 세력이 있습니다. 은행을 소유하고 엄청난 부를 가진 이러한 자들이 바로 적그리스도 세력입니다. 이들은 실제로 그러한 계획을 은밀하게 추진하고 있습니다. 록펠러 가족 중의 한 사람이 이런 계획을 말한 것이 녹음되어 세상에 공개된 적도 있습니다. 나도 직접 들었습니다.

그러나 지금 말씀드리려는 핵심은 미국 연방은행의 실제 소유자가 누구이고 적그리스도 세력이 누구인지에 대한 것은 아닙니다. 지금 말씀드리려는 핵심은 은행으로부터 돈을 빌리지 말라는 것입니다. 그 이자가 모두 이들에게 돌아갑니다.

그리고 돈을 빌리면 인생의 목표가 바뀝니다. 빚을 갚는 것을 가장 우선 순위를 두고 인생을 설계하게 됩니다. 그리고 다른 모든 지출보다 우선하여 대출금을 갚으려고 합니다. 왜냐하면 이것을 하지 못하면 신용불량자가 되기 때문입니다.

이렇게 하는 것은 참으로 어리석은 것입니다. 스스로 올무를 놓는 것입니다. 빚의 종 노릇 하기를 자원하는 것입니다. 자원하여 은행의 노예가 되려는 것입니다. 이것은 과장된 표현이나 논리적인 비약이 아닙니다. 빚을 갚지 못하여 마음 고생을 하였거나 빚이 과중하여 고통을 받은 경험이 있는 사람들은 이 말에 동의할 것입니다.

월세에 살면 될 것을 전세자금을 융자하는 사람이 있습니다. 월세보다 이자가 싸다는 단순한 계산으로 그렇게 결정하는 것입니다. 그러나 이렇게 하는 것은 사서 고생하는 것입니다. 우선 빚이라는 올무에 얽히는 것입니다. 그리고 융자를 하면 원리금을 함께 갚아야 하므로 월세로 사는 것보다 생활비에 더 여유가 없게 됩니다. 소고기를 한 달에 네 번 먹을 수 있는데 두 번 밖에 못 먹습니다. 가난한 자를 세 명 도울 수 있는데 한 명 밖에 못 도웁니다.

사람들은 10년, 20년 후에 다 갚고 나면 내 돈이 된다는 희망, 즉 저축하는 마음으로 이러한 선택을 합니다. 성경은 그런 사람들에게 이렇게 말씀합니다. 누가복음 12장 19절에서 21절까지를 보겠습니다.

"또 내가 내 영혼에게 이르되 영혼아 여러 해 쓸 물건을 많이 쌓아 두었으니 평안히 쉬고 먹고 마시고 즐거워하자 하리라 하되" "하나님은 이르시되 어리석은 자여 오늘 밤에 네 영혼을 도로 찾으리니 그러면 네 준비한 것이 누구의 것이 되겠느냐 하셨으니" "자기를 위하여 재물을 쌓아 두고 하나님께 대하여 부요하지 못한 자가 이와 같으니라" (눅 12:19-21).

이 구절은 저축을 하는 사람이 하나님께 부요하지 못한 것이라고 말씀합니다. 즉 헌금을 해야 할 돈을 자신의 금고에 쌓아 놓는 것을 책망하는 것입니다. 마찬가지로 전세금을 융자하면 헌금할 돈, 구제할 돈이 은행 빚 갚는데 사용되는 것입니다.

전세금을 융자하고 상환하는 것은 빚도 지고 저축도 하는 개념입니다. 성경 말씀에 비추면 두 가지 잘못을 동시에 범하는 것입니다.

미국은 신용사회가 발달되어 있습니다. 한 동안 융자한 돈을 밀리지 않고 잘 갚으면 더 낮은 이자율로 더 큰 금액을 빌려줍니다. 사람들은 꼭 필요한 돈은 아니지만 낮은 이자율로 빌려주겠다는 은행의 말에 현혹됩니다.

그리하여 그 돈을 빌려서 더 좋은 차로 바꿉니다. 해외여행을 갑니다. 큰 집으로 이사를 합니다. 이러한 지출은 반드시 필요한 것들은 아니지만 돈을 빌려주겠다는 제안을 받음으로써 그러한 결정을 하는 것입니다. 이렇게 하여 미국인들은 평균 4개 이상의 신용카드를 보유하고 있습니다.

사람들은 융자하여 넉넉하게 사는 것이 잘못된 것으로 생각하지 않을 뿐더러 그들은 꼭 필요하여 융자를 한다고 말합니다. 그러나 그들의 마음에는 탐심과 허영심이 있고 그것을 채우려고 계속 빚을 지는 것입니다.

미국과 한국 사람들 뿐만 아니라 중진국 이상의 대부분의 사람들이 은행에 여러 종류의 빚을 지고 살고 있습니다. 조금 전에 은행이 돈을 버는 원리를 설명하였습니다. 수십억의 사람들이 내는 이자가 결국 소수의 사람들에게 돌아가며 그들은 선한 사람들도 아닙니다.

그리고 성경은 사랑의 빚 외에는 빚을 지지 말라고 하며 저축도 하지 말라고 분명하게 가르치고 있습니다. 그러니 믿는 사람들은 신용카드를 비롯한 일체의 융자와 저축을 멀리해야 합니다.

이상으로 빚지는 삶을 살지 말 것과 월세로 사는 것이 융자하여 전세로 사는 것보다 지혜롭고 성경적이라는 설명을 드렸습니다. 지금부터는 빚을 진 사람들이 앞으로 그 빚을 어떻게 정리할지에 대한 지혜를 나누어 보겠습니다.

믿는 사람들도 세상의 경제 원리에 충실하게 적응하는 사람들이 많습니다. 융자를 이익의 수단으로 여깁니다. 또한 욕구를 채우기 위하여 융자를 합니다. 융자하여 보기에 좋은 것을 사고 하고 싶은 것을 합니다. 이들은 이렇게 하는 것이 삶의 질을 높이는 것으로 이해합니다. 그러므로 아무 주저없이 그렇게 살고 있습니다.

그리하여 어떤 사람은 감당하지 못할 만큼 빚이 쌓이기도 합니다. 감당은 하더라도 융자금 상환에 매여서 오히려 삶의 질을 떨어뜨립니다. 내가 아는 한 믿는 청년은 혼자 사는데 연봉이 팔천 만 원이 넘습니다. 그런데 많은 금액을 융자하여 아파트를 구입하였습니다. 매월 수백만 원을 융자금 상환하는데 사용합니다. 이 청년은 다른 지출 항목도 많습니다.

이 청년은 지금 경제적으로 힘들다고 고백합니다. 실제로 이 청년은 연봉 삼천 만 원으로 오십 만 원의 월세에 사는 사람보다 더 어렵게 살고 있습니다. 월 융자금 상환 금액이 너무 커서 다른 것을 소비할 여유가 없습니다. 정신적으로도 힘들고 삶의 질도 떨어진 것입니다. 이 청년은 아파트를 구입하면 집값이 상승하여 나중에 큰 이익을 볼 것이라는 생각으로 이렇게 큰 빚을 진 것입니다.

그런데 그 빚이 올무가 되었고 돈의 종 노릇하고 있는 상황이 되었습니다. 혼자서 월 칠백 만 원을 벌면서 경제적인 스트레스를 받는다는 것은 쉽게 상상이 가지 않는 일입니다. 이 청년은 돈을 사랑하는 죄값을 받고 있습니다.

많은 사람들이 이러한 형식의 삶을 살거나 지향하고 있습니다. 이러한 삶은 어리석은 것이고 하나님의 말씀에도 어긋납니다. 집을 소유한 모든 믿는 사람들은 집을 팔고 은행 융자를 갚고 월세로 돌아가야 합니다. 전세금을 융자한 사람들도 빚을 갚고 소박한 월세로 이사를 가야할 것입니다. 그렇게 사는 것이 성경이 가르치는 것입니다.

다음은 자동차 융자를 한 사람들에게 권면합니다. 자동차를 팔아 융자금을 모두 갚고 남는 금액에 해당하는 중고차나 더 작은 차로 바꾸십시오. 이것도 집을 팔고 융자를 갚는 것과 같은 개념입니다. 그 외에 융자금이 걸려 있는 것들도 동일한 방법으로 정리하십시오.

저축한 돈도 정리하십시오. 주택청약 저축을 해약하십시오. 자녀 학자금 적금도 해약하십시오. 저축성 보험도 모두 해약하십시오. 돼지 저금통도 털어 보십시오. 믿는 사람들의 사전에 저축이란 없습니다.

그럼에도 불구하고 갚지 못하는 빚이 남아 있다면 하나님 앞에 간구하십시오. 그 동안 빚지는 삶을 산 것을 회개하고 모두 빨리 갚을 수 있는 길을 열어 달라고 간구하십시오. 그리하면 신실한 하나님이 기도를 듣고 응답할 것입니다.

빚이 없는 사람은 마음에 평안이 있습니다. 빚이 없을 때에 자유함을 느끼는 것은 영적인 원리입니다. 빚은 돈에 매인 것이고 더 나아가서는 죄에 매인 것입니다. 또한 마귀의 올무에 걸려 있는 것입니다. 그러므로 빚이 없을 때에 영혼이 자유와 평화를 누립니다.

그러나 세상에 돈을 빚진 자들은 마음에 평안이 없습니다. 세상 빚을 갚느라 사랑의 빚을 갚을 힘이 없습니다. 평생 은행에 돈을 갚기 위해 살아가느라 예수를 위해 살 시간이 없습니다. 예수에게 빚진 것은 갚을 겨를도 없고 갚을 생각도 하지 않고 살아갑니다.

빚을 너무 오래동안 져 왔던 사람은 빚을 모두 갚아버리면 마음이 허전할 수 있습니다. 그런 분들을 위하여 예비된 빚이 있습니다. 그

것은 사랑의 빚입니다. 이 빚을 지십시오. 이 빚은 사랑하는 사람 간에만 질 수 있는 빚입니다. 이러한 빚을 지기에 좋은 곳이 있습니다.

그곳은 사랑을 쌓아 놓고 무제한으로 빌려주는 곳입니다. 그 곳은 참 성도들이 모이는 참 교회입니다. 여기에는 서로 간에 사랑의 빚을 참으로 많이 지고 있습니다. 빚을 좋아하는 여러분에게 추천합니다.

예수님은 우리에게 사랑의 빚을 남겼습니다. 이 빚은 세상에서 가장 좋은 빚입니다. 왜냐하면 돈으로 갚을 필요가 없기 때문입니다. 그러니 믿는 여러분은 이러한 예수 그리스도의 사랑의 빚을 피차에 많이 지십시오. 성경은 이렇게 하는 것이 이웃을 사랑하는 것이라고 말씀합니다.

III
구제하라

7

소유를 가난한 자에게 주고
나를 따르라

"예수께서 길에 나가실새 한 사람이 달려와서 꿇어 앉아 묻자오
되 선한 선생님이여 내가 무엇을 하여야 영생을 얻으리이까"
"예수께서 이르시되 네가 어찌하여 나를 선하다 일컫느냐 하나
님 한 분 외에는 선한 이가 없느니라" "네가 계명을 아나니 살인
하지 말라, 간음하지 말라, 도둑질하지 말라, 거짓 증언하지 말
라, 속여 빼앗지 말라, 네 부모를 공경하라 하였느니라" "그가
여짜오되 선생님이여 이것은 내가 어려서부터 다 지켰나이다"
"예수께서 그를 보시고 사랑하사 이르시되 네게 아직도 한 가지
부족한 것이 있으니 가서 네게 있는 것을 다 팔아 가난한 자들에
게 주라 그리하면 하늘에서 보화가 네게 있으리라 그리고 와서
나를 따르라 하시니" "그 사람은 재물이 많은 고로 이 말씀으로
인하여 슬픈 기색을 띠고 근심하며 가니라" (막 10:17-22).

소유를 버리지 않으면 모든 다른 구원의 노력이 소용없습니다. 왜
냐하면 재물을 가진 자는 구원받지 못하기 때문입니다. 본문은 재물
을 소유한 자는 영생을 얻지 못한다는 것을 가장 직접적이고 사실적
으로 보여주는 성경 말씀입니다.

어떤 부자가 예수께 영생을 얻기 위하여 무엇을 하여야 하는 지를
물었습니다. 예수님은 계명을 지켜야 영생을 얻는다고 말씀합니다.

이 사람은 계명을 모두 지킨다고 대답합니다. 그러자 예수께서 한 가지 부족한 것이 있다고 말씀합니다. 여기서 한 가지 부족하다는 것의 의미는 이 부자가 계명을 모두 지키더라도 구원받기 위하여는 한 가지 더 행할 일이 있다는 것입니다.

이 일을 행하지 않으면 다른 모든 계명을 모두 지키더라도 영생을 얻지 못한다는 의미입니다. 매우 사실적으로 표현하였습니다. 비유나 상징적인 말로 하지 않았습니다. 본문 말씀 중 20절, 21절 말씀을 다시 보겠습니다.

"그가 여짜오되 선생님이여 이것은 내가 어려서부터 다 지켰나이다" "예수께서 그를 보시고 사랑하사 이르시되 네게 아직도 한 가지 부족한 것이 있으니 가서 네게 있는 것을 다 팔아 가난한 자들에게 주라 그리하면 하늘에서 보화가 네게 있으리라 그리고 와서 나를 따르라 하시니" (막 10:20-21).

이 부자는 계명을 모두 지키고 있는 사람입니다. 이 부자가 구원받기 위하여는 한 가지만 더 잘 지키면 됩니다. 이 사람은 구원에 매우 가까이 와 있습니다. 이 사람은 지금 하늘나라가 바로 옆에 있는 것입니다. 그렇지만 아직도 이 한 가지를 지키지 않으면 영생을 얻는 데 부족합니다. 부족한 이 한가지는 바로 소유를 모두 팔아 가난한 자들에게 주는 것입니다.

지금 한국과 미국의 교회에는 본문의 주인공과 같은 부자들이 많이 있습니다. 다른 것은 모두 지키는데 재물만은 놓지 못하는 사람들이 많습니다. 한국 교회가 이렇게 된 이유는 전통적으로 기복신앙의 기독교가 처음부터 뿌리 내려졌기 때문입니다. 이러한 잘못된 가르침은 목사들로부터 시작되었습니다.

예수를 믿어 가난을 면하고 부유하게 되려는 신앙을 사람들에게 심어 준 사람들은 목사들입니다. 성경은 분명하게 재물을 가난한 자들에게 나누어 주라고 합니다. 부자는 구원받기 어렵다고 말씀합니다. 그럼에도 목사는 부자가 되어 누리는 것을 복으로 가르칩니다. 그러니 이러한 목사는 자신도 지옥으로 가고 교인들도 배나 더 지옥 자식이 되게 하는 것입니다.

이러한 재물숭배 기독교는 교회 안에서도 재물이 많은 사람을 우대합니다. 그것을 보여주는 좋은 예 중의 하나가 장로들을 돈 있는 사람들로 세우는 것입니다. 장로가 되기 위하여는 돈이 필요하다고 생각하고 장로가 되기 위하여 돈을 준비하기도 합니다.

부자들도 기도와 말씀에 열심인 사람들도 있습니다. 봉사와 선행을 많이 하기도 합니다. 십일조를 성실하게 하고 헌금을 인색하지 않게 합니다. 그러나 재물을 팔아 가난한 자에게 나누어주는 일은 하지 않습니다. 그리하여 한국의 교회들은 부자 목사, 부자 장로, 부자 교인이 차고 넘칩니다. 본문 구절은 이러한 사람들이 구원받지 못한다고 말씀합니다.

성경은 부자가 구원받지 못한다는 것을 여러 차례 말씀하고 있습니다. 그러나 교회에서는 거의 가르치지 않습니다. 왜냐하면 교회들이 번영복음에 물들어 있기 때문입니다. 번영복음은 거꾸로 가르칩니다. 부자가 되는 것이 구원받는 법이라고 설교합니다.

작은 집에 사는 사람에게 기도하여 큰 집을 가지라고 합니다. 하나님은 여러분이 물질적으로 부유하게 되고 그것을 누리기를 기뻐한다고 가르칩니다. 이러한 설교자들은 자신도 부유하게 살기를 원하며 그렇게 살고 있습니다.

이렇게 설교하는 자들은 교인들을 지옥으로 끌고가는 사탄의 종들입니다. 이들은 진리의 성령을 거부하고 마귀의 가르침을 전수하는 자들입니다. 부자가 지옥 가는 말씀에 대하여 스스로도 알지 못하고 가르치지도 못합니다.

주님은 부자를 저주하였습니다. 누가복음 6장 24절을 보겠습니다.

"그러나 화 있을진저 너희 부요한 자여 너희는 너희의 위로를 이미 받았도다" (눅 6:24).

이 구절의 전후를 읽어 보아도 화가 있을 부요한 자가 특별히 악한 자라든지 믿음이 없는 자라는 설명이 없습니다. 여기서의 부요한 자는 모든 부자를 의미하는 것입니다. 이 짧은 한 구절에도 소유를 가진 자는 천국을 가지 못한다는 진리가 들어있습니다. 다음은 누가복음 16장 22절, 23절을 보겠습니다.

"이에 그 거지가 죽어 천사들에게 받들려 아브라함의 품에 들어가고 부자도 죽어 장사되매" "그가 음부에서 고통 중에 눈을 들어 멀리 아브라함과 그의 품에 있는 나사로를 보고" (눅 16:22-23).

이 구절은 부자와 거지 나사로에 관한 이야기의 일부입니다. 이야기 전체를 읽어 보아도 이 부자가 특별히 악을 행하여서 음부로 갔다는 설명이 없습니다. 이 사람은 부자였기 때문에 지옥에 떨어진 것입니다. 부자로 사는 것, 소유를 많이 가지고 있는 것 자체가 죄가 되는 것입니다. 그러므로 주님은 영생을 얻으려면 소유를 모두 가난한 자에게 나누어 주라고 말씀한 것입니다.

부자가 지옥에 가는 것은 구약에도 예언되어 있습니다. 이사야 53장 9절을 보겠습니다.

"그는 강포를 행하지 아니하였고 그의 입에 거짓이 없었으나 그의 무덤이 악인들과 함께 있었으며 그가 죽은 후에 부자와 함께 있었도다"(사 53:9).

이 구절은 주님이 오시어 고난 받고 죽을 것을 선지자 이사야가 예언한 말씀 중의 일부입니다. 그리스도가 죽어 음부로 내려간 것을 묘사합니다. 그리스도가 우리의 죄를 담당하여 죽었으므로 실제로 죄 있는 것으로 간주되어 잠시 지옥으로 간 것입니다. 그런데 그리스도가 지옥으로 갔을 때에 함께 있었던 자를 보면 놀랍습니다. 거기에는 두 부류의 사람들이 있습니다. 하나는 악인들이고 하나는 부자들입니다.

여기서 악인들은 모든 악인들을 뜻하듯이 부자도 모든 부자를 뜻합니다. NIV 영어 성경과 킹제임스 영어 성경도 부자를 "The Rich"라고 표현합니다. "The Rich"는 모든 부자를 의미하는 단어입니다.

악인들이 모두 지옥에 있는 것은 당연하지만 부자가 모두 지옥에 있다는 것은 놀랄 만하지 않습니까? 그러나 그것은 사실입니다.

세상의 눈으로 보기에 어질고 선한 부자, 성실하고 정직한 부자, 예수를 믿는 부자, 헌금을 많이 한 부자들도 모두 지옥에 있습니다. 왜냐하면 그들이 소유를 팔아 가난한 자들에게 나누어 주지 않았기 때문입니다. 재산을 쌓아 놓고 죽었기 때문입니다.

하나님은 인간들에게 재물을 균등하게 주지 않습니다. 어떠한 사람에게는 더 많이 주고 어떤 사람에게는 덜 줍니다. 어떤 사람에게는 생명을 유지할 수도 없을 만큼 적게 주기도 합니다. 하나님은 균등하게 주어 모두 굶지 않게 할 능력이 없어서 그러시는 것이겠습니까? 거지 나사로를 부자의 문 앞에 놓아 둔 이유가 무엇이었겠습니까?

지금 세계는 하루에 삼만 명이 굶어 죽습니다. 지금 여러분의 집 문 앞에 삼만 명의 나사로가 앉아있습니다. 여러분이 소유를 모두 팔아 나누어도 그들을 살리기에 부족합니다. 신명기 15장 11절을 보겠습니다.

"땅에는 언제든지 가난한 자가 그치지 아니하겠으므로 내가 네게 명령하여 이르노니 너는 반드시 네 땅 안에 네 형제 중 곤란한 자와 궁핍한 자에게 네 손을 펼지니라" (신 15:11).

하나님은 이 땅에 가난한 자가 그치지 않을 것이라고 말씀하였습니다. 그러므로 부자들은 반드시 손을 펴서 그들을 도우라고 하였습니다. 모든 재물을 균등하게 나누어 주지 않는 이유가 있습니다. 부자가 가난한 자를 도우라고 부를 균등하게 배분하지 않은 것입니다.

그리하여 부자도 가난한 자도 모두 구원받게 하려는 것입니다. 부자는 가난한 자를 도움으로 그 영혼이 구원을 받습니다. 가난한 자는 그 도움을 받아 육체가 구원받습니다. 그리고 영혼까지 구원받게 됩니다. 이러한 하나님의 섭리를 깨닫지 못하면 소유를 팔아 가난한 자를 돕지 않습니다.

혼자 누리려고 하다 가난한 자는 굶어 죽게 만들고 자신은 지옥을 가는 것입니다. 성경은 이처럼 가난한 자가 있는 것은 부자의 책임인 것을 말씀합니다. 하나님은 우리 모두의 하나님이지만 특별히 가난한 자들의 하나님입니다. 시편 35장 10절과 113장 7절, 8절을 보겠습니다.

"내 모든 뼈가 이르기를 여호와와 같은 이가 누구냐 그는 가난한 자를 그보다 강한 자에게서 건지시고 가난하고 궁핍한 자를 노략하는 자에게서 건지시는 이라 하리로다"(시 35:10).
"가난한 자를 먼지더미에서 일으키시며 궁핍한 자를 거름 더미에서 들어 세워" "지도자들 곧 그의 백성의 지도자들과 함께 세우시며"(시 113:7-8).

이 두 구절에는 가난한 자들에 대한 구원의 메시지가 들어있습니다. 거지 나사로가 거지였다는 이유로 긍휼을 입어 구원받은 사실을 밝혀주는 말씀입니다. 이처럼 성경에는 부자는 구원받지 못하나 가난한 자는 구원받게 된다는 메시지가 신구약을 관통하여 흐르고 있는 것을 알 수 있습니다.

여러분은 아프리카의 굶어 죽어가는 사람들의 사진을 보며 불쌍한 마음을 가진 적이 있을 것입니다. 한편으로 여러분 자신은 굶지 않는 부요한 삶을 살고 있다는 사실에 대하여 감사와 안도를 한적이 있을 것입니다. 그러나 그 상황이 언제든지 역전될 수 있다는 것을 잊지 마십시오. 아브라함의 품에 안긴 것은 거지 나사로이지 부자가 아니었습니다.

소유를 모두 팔아 가난한 자를 돕지 않는 것은 가난한 자를 긍휼이 여기지 않는 것입니다. 남을 긍휼이 여기지 않는 자는 하나님으로부터 긍휼히 여김을 받지 못합니다. 그러나 가난한 자를 돕는 사람들을 하나님이 의롭게 여기어 구원합니다. 시편 112장 9절을 보겠습니다.

"그가 재물을 흩어 빈궁한 자들에게 주었으니 그의 의가 영구히 있고 그의 뿔이 영광 중에 들리리로다" (시 112:9).

이 구절에도 소유를 모두 팔아 가난한 자에게 주는 사람은 구원받는다는 진리가 들어있습니다. 재물은 주인의 뜻대로 쓰여야 합니다. 먹고 입는 것 외에는 모두 가난한 자에게 주라는 것이 재물의 주인인 하나님의 뜻입니다.

여러분이 의사라고 고급차를 탈 자격이 있다고 생각하지 마십시오. 하나님은 여러분에게 벤츠를 타는 용도로는 단 일 불도 허락하지 않았습니다. 여러분의 그 돈은 가난한 자에게 주라고 하나님이 맡긴 것입니다. 세상의 법도 남의 돈을 마음대로 사용하면 범죄입니다. 감옥에 갑니다. 하물며 하나님의 재물을 임의로 사용한 죄는 얼마나 더 크겠습니까? 하나님이 만든 감옥에 가지 않겠습니까?

성경이 가르치는 재물의 사용 용도는 매우 단순합니다. 계정과목이 세 개밖에 없습니다.

첫째, 십일조와 헌물입니다. 이것은 먹고 입는 것 보다 우선입니다. 십일조는 수입의 십분의 일을 정확하게 드리면 됩니다. 그 외의 헌물은 많이 드릴수록 좋습니다.

둘째, 자신이 먹고 입기 위하여 사용하는 것입니다. 검소하고 소박한 삶을 살아야 합니다. 삶의 모범은 예수 그리스도입니다. 여러분은 그리스도보다 더 부유하게 살지 않아야 합니다. 그렇게 살 자격이 없습니다. 그리스도가 소박하고 검소한 삶을 산 것은 우리로 본받게 하기 위한 것입니다.

셋째, 가난한 자들에게 주는 것입니다. 구제 헌금 보다는 직접 가난한 자들에게 전해주는 것이 현명합니다. 왜냐하면 교회의 구제 헌금이 반드시 가난한 자에게 전해지는 것이 아니기 때문입니다.

지금부터는 가난한 자들에게 재물을 나누어 주는 실제적인 일에 대하여 함께 지혜를 나누겠습니다. 가난한 자들에게 도움을 주려면 우선 성경적으로 가난한 자의 정의를 알아야 합니다. 사람들이 보편적으로 생각하는 부자와 가난한 자에 대한 정의와 성경이 말씀하는 것과는 차이가 있습니다. 성경은 가난한 자와 부자에 대한 정의를 정확하게 말씀합니다. 잠언 30장 8절을 보겠습니다.

"…나를 가난하게도 마옵시고 부하게도 마옵시고 오직 필요한 양식으로 나를 먹이시옵소서" (잠 30:8).

이 말씀이 의미하는 부자는 필요한 양식 이상을 소유한 자입니다. 가난한 자는 필요한 양식이 부족한 자입니다. 오직 필요한 양식이 있는 상태로 사는 것이 부자도 아니고 가난한 자도 아닙니다. 성경은 여러분에게 이렇게 살라고 가르칩니다.

예수님도 이렇게 살았습니다. 이것이 성경에서 정의하는 가난한 자이고 부자입니다. 이 구절의 의미는 "일억 원 하는 집도 말고 십억 원 하는 집도 말고 오억 원 하는 집에서 살게 하옵소서"라는 의미가 아닙니다. 중산층으로 살게 해달라는 의미가 아닙니다. 그러나 많은 설교자들이 이러한 뉘앙스로 설교합니다. 이렇게 설교하는 것은 번영복음입니다.

이러한 기준을 적용하면 성경에서 정의하는 가난한 자는 미국이나 한국 등 선진국에는 거의 없다고 할 수 있습니다. 미국이나 한국에도 빵 살 돈이 없는 사람이 있을 것입니다. 그들을 도와주어야 합니다. 그러나 이 사람들은 굶어 죽지 않을 길은 있습니다. 도움을 받을 수 있는 상황에서 살고 있습니다.

성경에서 말하는 가난한 자는 아프리카나 남미 등 제 삼세계의 나라에 있습니다. 이들은 지금 실제로 굶어 죽고 있습니다. 이들은 이웃으로부터 도움을 받을 길도 없이 굶고 있는 자들입니다. 소유를 팔아서 도울 사람은 이러한 사람들입니다.

다음은 이들에게 돈을 전달하는 방법에 대하여 나누어보겠습니다. 돈을 전달하는 방법은 크게 두가지 입니다. 첫째는 구제기관을 통하여 전달하는 것입니다. 콤패션이나 월드비젼 같은 기독교 구제단체를 활용할 수 있습니다.

이러한 기관을 이용할 때의 장점은 비용과 시간을 들여 직접 가지 않아도 된다는 것입니다. 컴퓨터에서 서너 번만 클릭하면 돈이 전달됩니다. 단점은 돈이 가난한 자들에게 바르게 전달되는지 확인할 수 없다는 것입니다. 그리고 일정액은 그들의 단체 유지비로 사용됩니다. 그럼에도 불구하고 가장 쉽게 세상의 가난한 자들에게 물질을 보낼 수 있는 방법입니다.

두 번째는 직접 현지로 가서 가난한 자들에게 돈이나 생필품을 전달하는 것입니다. 여러분이 시간과 비용을 들이더라도 이렇게 할 수 있다면 가장 좋은 방법으로 추천합니다. 여러분이 가난한 자를 도울 목돈이 준비되었다면 일부는 여행 경비로 쓰고 나머지 상당한 금액을 아프리카의 소말리아나 남미의 과테말라의 가난한 사람들에게 나누어 주는 것입니다.

그들에게 복음도 전하고 그들의 가난한 삶을 목격하면서 소유를 직접 나누어 주는 것입니다. 이렇게 하는 것은 그들의 육체와 영혼을 구원하는 일입니다. 자신도 구원받는 일입니다. 하나님은 기뻐하는 일입니다.

다음은 소유를 팔고 정리하는 문제에 대하여 나누어보겠습니다. 첫째, 집을 소유한 사람은 가능한 빨리 파십시오. 집을 팔아 월세집으로 이사하고 남는 돈은 모두 가난한 자들에게 나누어 주십시오. 집을 판 후에 남는 돈이 없을 것으로 보여도 파십시오. 주택 융자금이라도 갚으십시오.

둘째, 전세집에 사는 사람들도 월세집으로 옮기십시오. 그리고 남는 돈을 가난한 자들에게 보내십시오. 한국은 전세금이 집 값과 별 차이가 나지 않을 정도로 높습니다. 그러므로 전세에서 월세로 옮겨도 상당한 돈을 가난한 자에게 줄 수 있을 것입니다.

셋째, 고급 승동차를 경제적인 차로 바꾸십시오. 그리고 남는 금액으로 가난한 자를 도우십시오. 고급 승용차를 소유한 것은 사람들에게는 자랑이 될지 몰라도 하나님 보기에는 부끄러운 것입니다. 그러니 자동차를 팔아 가난한 자를 도우십시오.

넷째, 예금한 돈과 보험을 해지하십시오. 법적으로 요구하는 것이 아니라면 모두 해약, 해지하고 찾아서 가난한 자들에게 나누어 주십시오. 자녀에게 재산을 물려주려고 저축하지 마십시오. 미래를 위하여 보험에 들지 마십시오. 믿는 자는 그리스도만이 유일한 보험이어야 합니다.

다섯째, 보석이나 값나가는 모든 것을 팔아 가난한 자에게 주십시오. 조금이라도 소유를 갖고 있기에는 세상에 굶어 죽는 자들이 너무 많습니다.

여러분은 이 설교를 통하여 구원의 가장 큰 걸림돌이 재물이라는 것을 깨달았습니다. 소유를 팔아 가난한 자들에게 나누어 주라는 감동을 받았습니다. 이제 그러한 감동을 실행에 옮기기만 하면 됩니다. 여러분의 구원이 가깝습니다.

주님 오실 때 소유한 것으로 인하여 부끄러움을 당하지 않아야 하겠습니다. 여러분이 재물을 소유하고 있다면 주님이 공중으로 데리고 가지 않을 것입니다. 사랑하는 재물과 함께 땅에 남으라고 배려를 할 것이기 때문입니다. 아무도 주님으로부터 이러한 배려를 받지 말아야 할 것입니다.

여러분은 둘 중의 하나가 될 것입니다. 부자 청년처럼 이 설교를 듣고 슬픈 기색을 띠고 근심하던가 삭개오처럼 즉시 기쁜 마음으로 재물을 팔아 가난한 자들에게 나누어 주는 사람이 될 것입니다.

서두르십시오. 재산을 정리하는 과정에 주님이 오면 얼마나 억울하겠습니까? 핑계 댈 수 없습니다. 휴거는 오늘 밤에도 일어날 수 있습니다. 소유를 가지고 있으면 다른 모든 구원의 노력이 허사입니다. 거지 나사로는 죽어 아브라함의 품에서 안식하고 부자는 죽어 지옥에서 신음하고 있습니다.

여러분이 소유를 가지고 있다면 깨어 기도하고 있어도 들림 받지 못합니다. 여러분이 재물을 갖고 있다면 성경을 주야로 묵상하고 금식하여도 공중에서 주를 보지 못합니다.

여러분이 소유를 모두 팔아 가난한자들에게 나누어 주지 않는다면 그동안 아무리 많은 사람들을 주께로 인도하였어도, 아무리 큰 돈을 헌금하고 구제하였어도, 아무리 오랫동안 교회에 봉사하고 헌신하였어도 그 날에 휴거하지 못합니다.

8

남의 유익을 위해 살라

"누구든지 자기의 유익을 구하지 말 고 남의 유익을 구하라" (고
린도전서 10:24).
"유대인에게나 헬라인에게나 하나님의 교회에나 거치는 자가
되지 말고" "나와 같이 모든 일에 모든 사람을 기쁘게 하여 자
신의 유익을 구하지 아니하고 많은 사람의 유익을 구하여 그들
로 구원을 받게 하라" (고린도후서 10:32-33).

사람들은 자신의 유익을 구하며 살아 갑니다. 자신의 경제적인 이
익을 도모하며 사회적으로 성공하려고 노력합니다. 자신이 행복해
질 수 있는 어떤 가치를 추구합니다. 이러한 모든 행동은 자신의 유
익을 구하는 것입니다.

사람들은 어려운 상황에 처하면 다른 사람에게 도움을 청합니다.
남의 도움을 받으려는 것도 나의 유익을 구하는 행위입니다. 사람들
은 자신에게 도움이 될 것이라고 여기는 사람들과 교제하고 사업을
합니다. 이렇게 하는 배경에는 상대방에게도 유익이 되는 선한 뜻이
있을 지라도 보통은 자신의 유익을 먼저 고려합니다.

이처럼 사람들은 나에게 유익이 되는지를 먼저 생각하지 내가 남
에게 유익을 줄 것을 우선적으로 생각하지 않습니다. 물론 남에게 유

익을 주는 일을 하는 사람들도 많이 있지만 그들도 남의 유익에 초점을 두고 살지는 않습니다.

하나님은 사람들이 서로 관계를 맺으면서 살도록 세상을 디자인하였습니다. 혼자서 사회 경제 활동을 하는 것은 불가능하며 사람들이 서로 돕고 협력하여 모두에게 더 큰 유익이 되도록 세상을 섭리해 놓았습니다.

물건을 사고 파는 행위도 서로 유익하게 하는 것입니다. 왕과 신하도 서로에게 유익이 됩니다. 모든 계약도 당사자 모두에게 이익이 있으므로 성사되는 것입니다. 남녀가 만나 교제하고 결혼하는 것도 서로 간에 유익이 있음으로 그렇게 합니다. 이처럼 서로에게 비슷한 분량으로 유익이 될 때에 사람들은 공평하다고 말하며 공평한 것을 선한 가치로 여깁니다.

세상에는 공평하지 않은 일이 많이 발생하고 공평에 대한 판단 기준이 서로 다른 경우도 있지만 공평한 것이 나쁘다고 말하지는 않습니다. 국제 간의 외교와 거래에도 공평하고 평등하게 서로 대우하는 관습이 있습니다. 이것을 호혜평등의 원칙이라고 합니다. 이처럼 국가 간의 관계도 공평은 중요한 가치로 여겨집니다.

미국은 중국으로부터 수입하는 특정 상품에 대해 관세를 부과하지 않았음에도 중국은 동일한 미국 상품을 수입할 때에 관세를 부과하였습니다. 미국 정부는 이것을 불공평한 것으로 판단하여 중국 상품에 수입 관세를 부과하였습니다. 이렇게 하는 것이 호혜평등의 원칙을 지키는 것이고 공평한 것입니다.

미국 정부가 휴스턴에 있는 중국 영사관이 스파이 활동을 하는 이유로 그 영사관을 폐쇄하고 중국인 직원들을 추방한 적이 있습니다. 그러자 중국도 자국의 미국 영사관 한 곳을 폐쇄하는 조치를 내렸습니다. 이것도 호혜평등의 원칙에 해당하는 것입니다.

이와 같이 세상은 서로 간에 같은 양의 이익을 얻거나 불이익을 감수하는 것이 관례처럼 되어 있습니다. 이렇게 하는 것이 공정한 게임의 법칙인 것은 사실이며 이러한 것이 잘 지켜지는 것은 좋은 것입니다.

교회에도 이러한 원리는 그대로 적용됩니다. 교회 안에는 설교를 하는 목사와 설교를 듣는 교인들이 있습니다. 이들은 서로 간에 유익을 주는 관계입니다. 교인들은 영적인 유익을 얻고 설교자는 먹고 입을 수 있는 물질적인 유익을 얻습니다. 이것도 하나님의 섭리입니다. 고린도전서 9장 11절을 보겠습니다.

"우리가 너희에게 신령한 것을 뿌렸은즉 너희의 육적인 것을 거두기로 과하다 하겠느냐" (고전 9:11).

바울은 자신이 성도들을 말씀으로 섬겼으므로 물질을 받는 것이 당연하다고 합니다. 로마서 15장 27절을 보겠습니다.

"저희가 기뻐서 하였거니와 또한 저희는 그들에게 빚진 자니 만일 이방인들이 그들의 영적인 것을 나눠 가졌으면 육적인 것으로 그들을 섬기는 것이 마땅하니라" (롬 15:27).

이방인들이 이스라엘에게 영적인 신세를 졌으므로 이방인들이 물질로 이스라엘을 섬기라는 말씀입니다.

이처럼 모든 인간 관계는 교회 안팎을 막론하고 서로 간에 유익이 되는 구조를 가지는데 이것은 하나님의 창조 질서입니다. 그럼에도 불구하고 성경은 믿는 자들은 자신의 유익이 목적이 되는 삶을 살지 말라고 가르칩니다. 대신에 남의 유익을 위하여 살라고 합니다.

이 말씀의 의미는 단순히 기회가 있을 때에 남에게 유익을 끼치라는 뜻이 아닙니다. 사는 동안 항상 남에게 유익이 되는 것이 무엇인지를 생각하고 행하라는 것입니다. 본문 말씀 중 고린도전서 10장 24절을 다시 보겠습니다.

"누구든지 자기의 유익을 구하지 말고 남의 유익을 구하라" (고전 10:24).

이러한 삶은 보통 사람들의 삶과는 반대입니다. 공평하지도 공정하지도 않은 것처럼 보입니다. 호혜평등의 원칙을 어기는 것처럼 보입니다. 겉으로 드러난 말의 내용만 보면 그러한 판단이 맞습니다. 그러나 조금 더 깊이 말씀을 이해하면 남의 유익을 목적으로 살아도 궁극적으로는 자신에게도 유익이 된다는 사실을 깨달을 수 있습니다.

남의 유익을 구하였는데 자신에게도 유익이 돌아온다면 그 유익은 하나님으로부터 온 것입니다. 스스로 유익을 구하지 않는 사람에게는 하나님이 직접 유익을 베푸는 데 이 유익은 인간 스스로 구하는 유익보다 훨씬 좋은 것입니다.

하나님은 남을 위하여 헌신하는 사람에게 보상을 해줍니다. 이 땅에서 살 동안에 보상을 받게도 하지만 살아 있는 동안에 보상을 받지 못하더라도 천국을 가는 보상은 받게 합니다. 인간에게 천국을 가는 것보다 더 크고 좋은 유익은 없습니다. 이러한 유익이 남의 유익을 구하는 사람에게 주어지는 상급입니다.

남의 유익을 위해 살라는 가르침이 공평하지 않은 듯이 보일지라도 그대로 행한 사람은 천국을 가는 유익을 얻게 되는 것이니 결국에는 공평한 대우를 받게 되는 것입니다. 하나님은 이러한 원리로 세상을 공명정대하게 다스리고 있습니다.

나의 소유로 구제하는 것은 남의 유익을 구하는 좋은 예 중에 하나입니다. 고린도후서 8장 14절을 보겠습니다.

"이제 너희의 넉넉한 것으로 그들의 부족한 것을 보충함은 후에 그들의 넉넉한 것으로 너희의 부족한 것을 보충하여 균등하게 하려 함이라" (고후 8:14).

이 말씀에는 누구든지 가난해질 수 있다는 의미가 있습니다. 그리고 자신의 남는 것으로 구제를 했던 사람들은 자신이 가난해졌을 때에 도움을 받을 수 있다는 것입니다. 즉 남의 유익을 위한 행위는 가장 안전한 보험과 같고 가장 이자율이 높은 저축과 같은 것입니다. 하나님은 이러한 보험금과 저축한 돈을 반드시 찾아가도록 하는데 이것이 바로 하나님의 공평입니다.

이처럼 남에게 유익을 주는 사람은 결국 보상을 받고 구원받게 됩니다. 그러나 여기에서 끝나는 것이 아닙니다. 도움을 받고 유익을 얻은 사람들도 구원받게 됩니다. 본문 말씀 중 고린도후서 10장 32절, 33절을 보겠습니다.

"유대인에게나 헬라인에게나 하나님의 교회에나 거치는 자가 되지 말고" "나와 같이 모든 일에 모든 사람을 기쁘게 하여 자신의 유익을 구하지 아니하고 많은 사람의 유익을 구하여 그들로 구원을 받게 하라" (고후 10: 32-33).

자신의 유익을 구하지 않고 다른 사람의 유익을 구하는 것은 다른 사람을 돕고 섬기는 것입니다. 여기에는 몸과 마음과 시간과 물질이 소요됩니다. 다른 사람에게는 이익을 주지만 자신은 희생하는 것입니다. 이것이 나의 유익을 구하지 않고 남의 유익을 구하는 일입니다.

이러할 때에 도움을 받은 사람은 당연히 도운 사람에게 고마움과 감사하는 마음을 가질 것입니다. 그들이 믿는 사람이라면 하나님께 더욱 감사와 영광을 올려드릴 것이며 그들이 믿지 않는 사람들이라면 믿는 자들의 도움에 감동을 받아 하나님을 믿게 될 것입니다. 이렇게 하여 본문 말씀의 "그들로 구원을 받게 하라"는 말씀이 성취되는 것입니다.

돕는 자와 도움을 받은 자가 모두 구원받는 것은 가장 완벽한 호혜평등입니다. 그러니 하나님은 호혜평등의 원칙을 잘 지키는 분이며 더 나아가 호혜평등의 원칙을 제정한 분이라는 것을 깨달을 수 있습니다.

그러나 세상 사람이나 믿음이 약한 자는 하나님의 공정과 평등을 이해하지 못합니다. 그들은 오늘 열 개를 주었으니 내일 열 개 이상을 받아야 한다고 생각합니다. 구제 헌금을 많이 하였으니 곧 사업이 번창해야 마땅하다고 생각합니다. 이것이 공평한 것이라고 여깁니다.

그러나 하나님이 섭리하는 공평은 종종 시간이 많이 흐른 후에 증명됩니다. 아니면 죽을 때까지 공평의 열매를 보지 못할 수도 있습니다. 예수님도 불공평하게 대우 받다가 그대로 죽었습니다.

사도 바울도 핍박 받는 일로 점철된 삶을 살다가 감옥에서 죽었습니다. 살아 있는 동안 공평하게 보상을 받은 것이 없습니다. 그러나 예수님과 바울은 죽은 후에는 공평한 대우를 받았습니다. 하나님은 예수님을 영화롭게 하였고 바울은 천국을 갔습니다.

이처럼 남의 유익을 구하며 사는 것은 결국 하늘에만 소망을 두라는 것과 같은 의미입니다. 왜냐하면 땅에서는 주기만 하고 받지 못할 수 있기 때문입니다. 그러니 땅에서 소망을 찾는 사람들, 땅의 것을 구하는 사람들은 남의 유익을 구하며 살 수 없고 자신의 유익을 구하며 살게 됩니다

이들은 자신의 유익을 구할 때에는 오히려 자신에게 유익이 되지 않는다는 진리를 알지 못합니다. 자신의 유익만을 구하는 것은 이기적인 것입니다. 이기적인 삶은 결국 자신에게 이익이 되지 않는 것으로 결말이 납니다. 자신도 구원받지 못하고 남의 구원에도 도움을 주지 못합니다. 이것은 하나님이 종종 보여 주는 역설적인 일입니다.

마태복음 19장 21절에서 25절까지를 보겠습니다.

"예수께서 이르시되 네가 온전하고자 할진대 가서 네 소유를 팔아 가난한 자들에게 주라 그리하면 하늘에서 보화가 네게 있으리라 그리고 와서 나를 따르라 하시니" "그 청년이 재물이 많으므로 이 말씀을 듣고 근심하며 가니라" "예수께서 제자들에게 이르시되 내가 진실로 너희에게 이르노니 부자는 천국에 들어가기가 어려우니라" "다시 너희에게 말하노니 낙타가 바늘귀로 들어가는 것이 부자가 하나님의 나라에 들어가는 것보다 쉬우니라 하시니" "제자들이 듣고 몹시 놀라 이르되 그렇다면 누가 구원을 얻을 수 있으리이까" (마 19:21-25).

부자 청년은 자신의 재물을 가난한 자에게 나누어 주는 일이 싫어서 근심하며 떠났습니다. 이 부자가 재물을 가난한 자에게 주면 도움을 받은 가난한 자들은 궁핍한 삶에서 해방되고 육체도 건강하게 될 것입니다. 또한 도와 준 사람이 하나님을 믿는 사람이라는 사실을 알게 됨으로써 그들도 하나님을 믿게 될 것입니다.

그러나 이 부자 청년은 돈 욕심이 있으므로 그렇게 하기를 거절하였습니다. 그러자 예수님은 부자가 구원받기 어렵다고 말씀하였습니다. 이 부자는 남의 유익을 구하지 않고 자신의 유익을 구함으로써 결국 가난한 자의 궁핍한 삶에 도움을 주지 않았습니다. 그리하여 그들의 구원을 돕지도 못하고 자신의 구원도 잃게 된 것입니다.

십계명을 잘 지킨 이 부자 청년이 구원받지 못하게 되는 것은 역설적인 사건입니다. 악한 세리장 삭개오는 남의 유익을 구하여서 천국을 갔는데 선한 부자 청년은 자신의 유익을 구하다가 지옥문으로 들어갔습니다. 성경은 이러한 구원에 관한 역설과 반전을 종종 보여주는데 그 안에서 하나님의 섭리를 깨달아야 합니다.

사도 바울은 남의 유익을 구하라고 당부하면서 자신을 본으로 삼으라고 했습니다. 헬라인에게나 유대인에게나 교회 안에서나 거치는 자가 되지 말라고 하였습니다. 거치는 자가 되지 말라는 것은 자신의 유익을 구하는 자가 되지 말라는 의미입니다.

헬라인과 유대인이라고 칭한 사람들은 믿지 않는 사람들입니다. 믿는 자들은 남의 유익을 위해 사는 사람들이라는 것을 믿지 않는 자들에게 나타내야 합니다. 바울은 그렇게 하였습니다. 그렇게 하여 믿지 않는 자들을 믿고 구원받게 하려는 것입니다.

지금까지 남의 유익을 구하는 삶을 살 때에 자신과 남이 모두 구원받는 엄청난 일이 일어난다는 사실에 대하여 살펴보았습니다. 이제부터는 남의 유익을 구하는 구체적인 실천 방법에 대하여 나누겠습니다.

사람의 언행과 삶에는 그 사람의 마음과 생각과 믿음이 모두 반영되어 있습니다. 그러므로 남의 유익을 구하는지 자신의 유익을 구하는지는 그 사람의 행동을 조금만 관찰하여도 알 수 있습니다. 자신도 알 수 있고 상대방도 알고 제 삼자도 알고 하나님도 알고 누구든지 알 수 있습니다. 그러므로 핑계를 댈 수 없습니다.

이러한 전제 하에 먼저 믿는 여러분이 남의 유익을 위하여 살고 있는지 돌아보아야 할 것입니다. 그렇게 살지 못하였다면 또는 그렇다고 하기에는 미흡하다고 여겨진다면 회개를 하십시오.

성경이 분명하게 가르치고 있음에도 불구하고 그대로 행하지 않는 것은 죄입니다. 그리고 죄를 회개할 때에는 합당한 열매를 맺어야 합니다. 그러니 다음과 같이 행하면서 회개에 합당한 열매를 맺고 구원받게 되기를 주님의 이름으로 축복합니다.

첫째, 나의 유익을 위하여 모아 둔 소유를 팔아 가난한 자들에게 나누어 주십시오. 나의 유익을 위하여 구입한 집을 팔고 전세금을 빼내어 융자한 돈은 갚고 월세집으로 옮기십시오. 그리고 남는 돈으로 구제하십시오.

둘째, 나의 유익을 위하여 예금한 돈을 모두 찾고 적금을 해약하여 피골이 상접하여 굶어 죽어가는 수 많은 아프리카의 형제들을 도우십시오.

셋째, 나의 유익을 위해 구입한 비싼 승용차를 팔아 경제적인 차로 바꾸고 남는 돈으로 궁핍한 재소자들을 도우십시오.

넷째, 나의 자녀의 유익을 위한 과외비 지출을 중단하고 그 돈으로 굶주린 남미의 불쌍한 아이들을 구제하십시오.

다섯째, 나의 교회의 유익을 위해 건축 헌금하지 말고 그 돈으로 난민들을 도우십시오. 이러한 교회는 건물을 교회로 여기는 죄에서 먼저 돌이키고 교회의 은행 잔고를 모두 털어서 구제하여 회개에 합당한 열매를 맺으십시오.

여섯째, 남의 유익을 위하여 전도하고 봉사하고 섬기는 일을 일상화 하십시오. 교회 안에서 할 수도 있고 교회 밖에서도 할 수 있습니다.

일곱째, 남의 유익을 위한 기도를 하십시오. 영의 양식을 먹이는 자신의 목사와 교회 안의 지체들과 세상 권세들과 이스라엘과 믿지 않는 지인들을 위하여 중보기도 하십시오.

이상으로 남의 유익을 위한 삶을 구체적으로 적용하는 예를 살펴보았습니다. 물질이 있는 사람은 물질로, 물질이 없는 사람은 봉사와 섬김과 기도로 남의 유익을 구할 수 있습니다. 그러므로 누구든지 남의 유익을 구하며 살아 갈 수 있으며 남의 유익을 구하는 행위는 궁극적으로 자신도 구원받고 남도 구원받게 하는 신령하고 아름다운 것입니다.

그렇다면 누가 이러한 일을 하지 않겠습니까? 지금까지는 몰라서 하지 못하였다면 이제라도 남의 유익을 구하는 삶을 실천하십시오. 남의 유익을 구하지 않고 안락한 소파에 앉아서 달콤한 것을 먹으며 평안하다, 안전하다, 구원받았다고 여기며 지내는 많은 크리스천들이 있습니다.

이들은 편안하고 부유한 삶을 살면서 복 받았다고 여기는 사람들입니다. 자신의 유익을 구하는 데 빠른 자들입니다. 이들도 남을 약간은 도울지 모릅니다. 그러나 성경은 철저히 남의 유익을 위해 살도록 교훈합니다.

어떤 한 목사는 자신이 유익을 줄 수 있는 사람만 만난다고 합니다. 자신에게 유익이 될지에 대한 고려는 전혀 하지 않는다고 합니다. 자신의 설교를 듣기 원하거나 자신에게 성경을 배우기를 원하는 사람을 만납니다. 신앙에 대한 상담을 원하는 사람과 대화를 합니다. 이렇게 하기 위하여 자신의 마음과 시간과 물질을 아끼지 않습니다.

그러나 개인적인 친분이 있어도 그 사람에게 유익을 줄 수 없거나 그 사람이 자신으로부터 유익을 구하는 것이 없다고 판단되면 만나거나 교제하지 않습니다. 이렇게 함으로써 그는 세월을 아낀다고 합니다. 이 목사는 남의 유익을 위해 사는 사람입니다.

이 목사의 삶을 여러분에게 적용해 볼 것을 권면합니다. 진심으로 남에게 유익을 주고 싶은 소망이 있으면 성령이 그러한 길을 인도합니다. 그렇게 할 때에 나의 유익을 구하는 상념은 햇볕에 안개 사라지듯이 어느새 없어집니다.

그리하여 돈이 있으면 먼저 하나님의 일을 위하여 사용할 궁리를 합니다. 누구를 도울 지를 생각합니다. 또한 내가 전도하고 섬기는 일에 게으르지 않은지 살펴보게 됩니다. 중보기도를 더욱 열심으로 하게 됩니다. 그리하여 많은 영혼들을 주께로 인도하고 자신도 천국에서 면류관을 받게 됩니다.

여러분 모두 나의 유익을 구하지 않고 남의 유익을 구하는 거룩한 삶을 살아 남도 구원하고 자신도 구원받게 되기를 남의 유익을 위해서만 사신 예수 그리스도의 이름으로 축복합니다.

9
일하여 가난한 자를 도우라

"도둑질하는 자는 다시 도둑질하지 말고 돌이켜 가난한 자에게
구제할 수 있도록 자기 손으로 수고하여 선한 일을 하라" (에베
소서 4:28).

고대에 주로 농사를 지으며 살던 사람들은 온 가족이 일을 하여
서 생계를 유지하였습니다. 그러나 현대에는 일을 하지 않아도 생활
에 어려움이 없는 사람들이 많이 있습니다. 재산이 많은 사람들이
이에 해당합니다.

가족 중에 한 사람이 온 가족을 부양할 수 있을 만큼 충분한 소
득이 있으면 다른 가족은 일을 하지 않아도 살 수 있습니다. 정부에
서 주는 연금이 충분하여 일을 할 필요가 없는 사람도 있습니다.

그러나 남편의 수입이 생활을 하는데 부족하지 않음에도 부인이
일을 하는 경우도 있습니다. 거기에는 여러 가지 이유가 있겠지만 보
통은 더 윤택한 삶을 살고 싶어 그렇게 합니다. 자녀의 교육비에 더
많이 지출을 하기 위하여 그렇게 합니다. 가능한 빨리 집을 소유하
려고 그렇게 합니다. 더욱 풍족하게 먹고 입고 쓸 수 있는 즐거움을
누리려고 부부가 함께 일을 합니다.

어떤 부모는 자녀가 생활비와 용돈을 충분히 줄 수 있음에도 일을 합니다. 자녀의 경제적인 부담을 줄이려는 마음에 그렇게 하기도 하고 한편으로 조금 더 여유롭게 살고 싶어서 일을 합니다.

이처럼 사람들이 먹고 살만큼 수입이 있음에도 일을 하여 더 벌려고 하는 일반적인 이유는 자신과 가족을 위한 것입니다. 자신과 가족이 현세에서 좋은 것을 누리고 안정되고 부유한 삶을 살기 위한 것입니다. 세상은 이렇게 사는 것을 당연한 것으로 여깁니다. 지혜로운 일로 간주를 합니다. 그리하여 많은 믿는 자들도 이러한 삶을 살고 있습니다.

그러나 성경은 먹고 입는 것으로 만족하라고 하였고 가난한 자를 힘써 도우라고 하였습니다. 이 두 말씀에 근거를 하면 하나님이 먹고 입는 것 이상의 재물을 주는 이유는 한 가지 입니다. 그것은 가난한 자를 도우라는 것입니다. 저축하고 부유함을 누리는 삶을 살도록 하기 위한 것이 아닙니다.

그러므로 먹고 입을 만큼 이상의 수입이 있는 사람은 그 돈을 가난한 자에게 주어야 하는 것이 마땅한 것입니다. 그렇다면 이러한 사실을 깨달은 사람은 굳이 일을 더 할 필요가 없을 것이라고 생각할 것입니다. 그러나 그렇게 생각하는 것도 바르지 않습니다.

본문 말씀을 다시 보겠습니다.

"도둑질하는 자는 다시 도둑질하지 말고 돌이켜 가난한 자에게 구제할 수 있도록 자기 손으로 수고하여 선한 일을 하라"(엡 4:28).

이 말씀은 일을 하는 목적이 자신이 먹고 입기 위한 것만이 아니라는 것을 보여줍니다. 구제하기 위하여 일을 하라고 말씀합니다. 일을 하지 않아도 부족함이 없는 사람일지라도 일을 하고 그 번 돈을 가난한 자에게 주라는 것입니다.

사람들은 자신이 돈을 벌었다고 표현합니다. 자신이 사업을 잘 하여서 큰 돈을 벌었다고 이야기합니다. 자신의 학력과 경력이 좋아서 높은 연봉을 받는다고 판단합니다. 그러나 어떤 모양으로, 어떤 직업으로 돈을 벌든지 그것은 하나님이 주었다는 것이 정확한 표현입니다. 왜냐하면 재물의 주인이 하나님이기 때문입니다.

돈과 수입에 대한 바른 깨달음이 없으면 돈을 자신의 소욕대로 사용하게 됩니다. 돈의 주인이 하나님인 것을 안다면 돈을 자신의 마음대로 사용을 할 수 없습니다. 이는 마치 종업원이 회사의 돈을 임의로 사용할 수 없는 것과 같은 원리입니다.

직원이 회사의 예산 규정을 어기고 돈을 사용하면 징계를 받을 것입니다. 예를 들어 사장이 직원에게 광고비로 천만 원을 사용하고 직원 회식비로 백만 원을 사용할 것을 지시하였는데 직원이 광고비에는 백만 원을 사용하고 직원 회식비로 천만 원을 사용하였다면 해고될지 모릅니다. 구백 만 원을 변상해야 할 수도 있습니다.

세상도 주인의 뜻대로 돈을 바르게 사용하지 않을 때에 벌을 받는다면 세상 모든 재물의 주인인 하나님의 뜻대로 돈을 사용하지 않는 사람들은 더욱 벌을 받게 될 것입니다. 그러니 믿는 자들은 두렵고 떨리는 마음으로 재물의 주인 된 하나님께 물으며 돈을 사용해야 합니다.

돈을 사용하는 하나님의 기본 지침은 성경에 적혀 있습니다. 첫째는 십일조와 헌금이고, 둘째는 자신이 먹고 입는 것이고, 셋째는 구제하는 것입니다. 이러한 원칙과 순서대로 돈을 사용하면 됩니다.

그러나 이러한 원칙을 지키지 않고 돈을 어디에 사용할지 성령께 묻지도 않고 임의로 돈을 사용하는 교인들이 많습니다. 어떤 교인은 자신의 감동을 성령의 감동으로 빙자하여 돈을 사용하는 사람들도 있습니다. 이들은 모두 죄를 짓는 것입니다.

자신의 감동인지 성령의 감동인지를 구분하는 지혜를 잠시 나누겠습니다. 여러분이 직장을 옮기면서 연봉이 크게 올랐거나 특별히 큰 액수의 보너스를 받았다고 가정하겠습니다. 그런 후에 그 돈을 어디에 쓸지를 기도하였더니 승용차를 소나타에서 그랜저로 바꾸라는 마음이 들어왔다면 그것은 성령의 감동이 아니고 자신의 감동입니다. 늘어난 수입 만큼 가난한 자에게 주라는 감동이 왔다면 그것은 성령의 감동입니다.

여러분이 치킨 가게를 시작하였는데 장사가 잘 되어 전에 보다 수입이 많이 늘어났다고 가정하겠습니다. 늘어난 수입을 어디에 사용할 지에 대하여 기도를 하였더니 이천 만 원 보증금의 월세집에서 나와 이억 원의 전세집으로 옮기라는 감동이 왔다면 그것은 성령이 주신 감동이 아니고 자신의 생각입니다. 늘어난 수입만큼 더 많이 헌금하고 구제하라는 감동이 왔다면 그것은 성령이 준 감동이 맞습니다.

이것은 매우 쉽게 분별을 할 수 있는 것입니다. 왜냐하면 성경이 그렇게 말씀하기 때문입니다. 다음은 조금 더 어려운 예를 들어보겠습니다.

여러분의 재산을 일부 처분하였더니 오천 만 원이라는 여유 돈이 생겼다고 가정하겠습니다. 이 돈을 어디에 사용할 지에 대하여 기도를 하였더니 자신이 섬기는 교회의 건축 헌금을 해야 하겠다는 감동이 왔다면 그것은 자신의 감동이지 성령의 감동이 아닙니다.

여러분의 교회는 아마도 새 교회 건물을 짓기 위해 삼 년째 십억 원을 목표로 건축헌금을 모으고 있었을 지 모릅니다. 그러나 이 교회는 건물에 돈을 들이려고 하므로 참 된 교회가 아닙니다. 또한 저축을 하고 있으므로 참 된 교회가 아닙니다. 그러므로 어떠한 경우이든지 건축 헌금을 하고 싶은 마음은 성령의 감동이 아닙니다.

그런데 이 돈을 코로나로 인해 일당직 직업조차도 잃고 굶어 죽게된 인도 사람들에게 보내야 하겠다는 감동이 오면 그것은 성령의 감동이 맞습니다. 지금 수많은 인간들이 굶어 죽고 있는데 한가로이 교회의 건축 헌금을 모으고 바치고 할 때가 아닙니다.

이러한 것들이 성령의 감동을 빙자하여 자신의 소견대로 하나님의 재물을 사용하는 예입니다. 재물의 주인인 하나님의 뜻에 반하여 계속 재물을 사용한다면 예산을 잘못 사용한 직원이 해고되듯이 결국 해고될 것입니다. 천국에서 해고된다는 말씀입니다.

재물을 쌓아 놓으면 죄가 됩니다. 자신의 탐심을 채우는 용도로 사용하여도 죄가 됩니다. 성령의 감동을 빙자하여 잘못 사용하여도 죄가 됩니다. 그러니 믿는 자들은 돈을 사용함에 있어 매우 신중해야 합니다.

교회에서 십일조와 헌금에 대한 지침으로 말하는 것이 있습니다. 십일조는 반드시 자신이 섬기는 교회에 하고 헌금은 다른 곳에 나누어 해도 좋다는 것입니다. 참 교회라면 이러한 이론을 적용하여도 상관은 없습니다. 그러나 세상의 많은 교회들이 참 교회가 아니라는 것을 기억해야 합니다.

십일조가 목사의 고급 승용차 유지비로 사용될 수는 없습니다. 헌금을 교회의 체육대회와 기념품 제작을 위한 용도로 사용한다면 자신이 바친 헌금을 도로 가져가는 것입니다.

십일조와 헌금을 교회를 통해 바치는 것은 좋은 것입니다. 그 교회가 참 교회라면 가장 좋은 방법입니다. 왜냐하면 참 교회는 하나님의 뜻에 합당하게 물질을 사용하기 때문입니다. 교회 건물을 짓거나 교회의 불필요한 직원의 월급을 주는데 사용하지 않기 때문입니다. 그러나 여러분의 헌금이 결과적으로 하나님이 기뻐하지 않는 용도로 사용된다면 그 헌금은 하나님께 바쳐진 것으로 간주되지 않는다는 것을 알아야 합니다.

보통의 교회는 구제하는 일에 인색합니다. 교회 스스로를 위해 많이 지출하는 경향이 있습니다. 대표적인 예가 교회 건물에 돈을 들이는 것입니다. 목회자들이 먹고 입는 것 이상의 월급을 가져가는 것입니다. 교회에 월급을 받는 사람들이 많은 것입니다. 교회의 각종 행사에 돈을 많이 지출하는 것입니다.

여러분의 교회가 하나님에게 바쳐진 귀한 십일조와 헌금을 바르게 사용하지 않는다면 그 곳에 헌금을 하지 마십시오. 하나님께서 받지 않습니다.

하나님께 상달되는 두 가지가 있습니다. 그것은 기도와 구제입니다. 사도행전 10장 4절과 31절을 보겠습니다.

"고넬료가 주목하여 보고 두려워 이르되 주여 무슨 일이니이까 천사가 이르되 네 기도와 구제가 하나님 앞에 상달되어 기억하신 바가 되었으니" (행 10:4).
"말하되 고넬료야 하나님이 네 기도를 들으시고 네 구제를 기억하셨으니" (행 10:31).

이처럼 구제는 하나님께 상달되고 하나님께서 기억하는 일입니다. 고넬료는 로마 군대의 간부인데 그 당시 로마 군인들은 유대인들을 다스리는 권력자들이었습니다. 유대인들을 억압하고 강포하기를 일삼는 자들이었습니다.

그러나 고넬료는 달랐습니다. 고넬료는 유대인을 억압하지도 않았을 뿐더러 오히려 가난한 유대인들을 많이 구제하였습니다. 그리하여 고넬료는 구원받는 대표적인 이방인으로써 성경에도 소개되었습니다. 이처럼 구제는 단순한 선행이 아니며 구제하는 사람은 영혼이 구원받고 구제를 받는 자는 육체가 구원받는 귀하고 거룩한 일입니다.

그럼에도 불구하고 여러분은 아직도 구제를 하지 않겠습니까? 구제하는데 인색하겠습니까? 여러분은 하나님이 여러분을 기억해 주기를 바라지 않습니까? 하나님이 생명책에 여러분의 이름을 기록해 둘 것을 소망하지 않습니까? 그렇다면 구제하십시오. 코로나로 인해 굶어 죽게 된 사람들이 더 늘어나고 있습니다.

부자는 천국에 없습니다. 왜냐하면 가난한 자를 힘써 도우라는 계명을 어긴 자들이기 때문입니다. 그러니 여러분이 구원받기를 원한다면 먹고 입는 것으로 족하고 남는 재물은 모두 가난한 자들에게 주십시오. 그리고 주를 따르십시오. 마태복음 19장 21절을 보겠습니다.

"예수께서 이르시되 네가 온전하고자 할진대 가서 네 소유를 팔아 가난한 자들에게 주라 그리하면 하늘에서 보화가 네게 있으리라 그리고 와서 나를 따르라 하시니" (마 19:21).

부자는 수입이 많은 사람을 뜻하는 것은 아닙니다. 재물을 쌓아놓은 자를 뜻하는 것입니다. 수입의 많고 적음도 하나님이 섭리합니다. 그러니 불법으로 벌지만 않았다면 수입이 많은 것은 죄가 아닙니다. 그러나 수입이 많은 사람도 먹을 것과 입을 것이 있음으로 족하는 삶을 살아야 합니다.
디모데전서 6장 7절에서 10절까지를 보겠습니다.

"우리가 세상에 아무 것도 가지고 온 것이 없으매 또한 아무 것도 가지고 가지 못하리니" "우리가 먹을 것과 입을 것이 있은즉 족한 줄로 알 것이니라" (딤전 6:7-8).

세계적인 갑부였던 록펠러가 죽었을 때 아무 것도 가지고 가지 못했습니다. 이병철이 죽었을 때에도 재산을 하나도 가지고 가지 못했습니다. 정주영도 그렇게 죽었습니다. 워렌 버핏과 빌 게이츠도 죽을 때에 아무것도 가져가지 못할 것입니다. 이들은 이러한 사실을 깨달

있는지 천문학적인 금액의 돈을 사회에 기증하고 있습니다.

여러분의 아파트도 가져가지 못합니다. 전원 주택도 가지고 갈 수가 없고 건물도 퍼갈 수 없습니다. 그것을 팔아서 현금으로도 수표로도 어음으로도 가져가지 못합니다. 은행 통장에 있는 잔고는 천국으로 송금할 수 없고 계좌 이체도 되지 않습니다.

그럼에도 불구하고 천국으로 재산을 가져 가는 방법이 한 가지 있기는 합니다. 믿지 않는 사람은 이 방법을 잘 모릅니다. 그러나 믿는 사람들은 이러한 방법이 성경에 있는 것을 알고 있습니다. 그럼에도 불구하고 그대로 하려는 사람이 별로 없습니다. 누가복음 12장 33절을 보겠습니다.

"너희 소유를 팔아 구제하여 낡아지지 아니하는 배낭을 만들라 곧 하늘에 둔 바 다함이 없는 보물이니 거기는 도둑도 가까이하는 일이 없고 좀도 먹는 일이 없느니라" (눅 12:33).

천국으로 재산을 이전하는 방법은 살아있을 때 구제하는 것입니다. 이 큰 비밀을 새삼스럽게 다시 알려 주신 하나님께 여러분은 감사해야 할 것입니다. 그리고 즉시로 모든 부동산과 주식을 정리하고 예금한 돈을 더하여서 구제하십시오.

이렇게 하면 투자 수익률 일억 퍼센트를 보장 받을 수 있습니다. 여러분의 아파트가 아무리 비싸도 정금과 각종 보석으로 지은 새 예루살렘 성 안에 있는 집들과 비교가 되지 않을 것입니다.

어느 한 권사님은 미국의 노인 아파트에서 혼자 사는 데 몸이 불

편합니다. 칠십 대 중반의 이 분은 몸이 건강하지 않음에도 일주일에 하루 일을 합니다. 그래서 팔만 원 정도를 버는데 이 분이 일을 하는 이유는 선교 헌금을 하기 위한 것입니다.

어느 신실한 한 성도는 자신의 수입의 거의 대부분을 헌금과 가난한 자를 위하여 사용합니다. 그 금액이 월 이백 만 원에 달합니다. 이 가정은 남편의 수입으로 검소하게 생활하는데 월세 집에서 살고 있습니다.

내가 아는 한 전도사는 미국에서 공무원 남편과 함께 월수입이 칠백 만 원이 넘는데도 불구하고 딸 한 명과 함께 결혼 후 이십 년간 방 두 개 아파트에서 살았습니다. 그리고 통장에 항상 백오십 만 원만 남기고 모두 헌금하였습니다.

이상의 세 사람은 본문 말씀이 응하는 삶을 살고 있는 사람들입니다. 구제하기 위하여 일을 하는 사람들입니다. 천국은 이러한 사람들의 것입니다.

내가 아는 한 목사는 미국에서 원룸 아파트에 거주하면서 가정교회를 개척하였는데 교인은 세 명이었습니다. 어느 날 한국에서 지인이 방문하여 백이십 만 원을 헌금하였습니다. 이 목사는 그 돈을 모두 과테말라의 가난한 자를 위하여 보냈습니다.

그 때에 그 목사는 과테말라 청년에게 성경을 가르치고 있었습니다. 그 청년의 고향 사람들이 너무 가난하다는 말을 듣고 즉시로 과테말라로 돈을 냈습니다. 수십 가구의 사람들에게 밀가루와 설탕과 식용유를 나누어 줄 수 있었습니다. 그 때 그 목사가 가진 돈은 백이십 만 원이 거의 전부였는데 아파트 월세를 내기 위하여 남겨 놓지 않았습니다.

구제하는 이러한 예들을 말씀하는 이유는 여러분도 도전을 받고 변화되라고 것입니다. 집을 팔고 월세로 옮기고 남는 돈으로 구제하라고 말씀하는 것입니다. 천국에 보화를 쌓으라고 말씀하는 것입니다. 천국은 이처럼 힘써 구제하는 사람들의 것이라는 것을 말씀하는 것입니다.

여러분 중에는 일을 하지 않아도 생활에 지장이 없는 사람들이 있을 것입니다. 그러나 성경은 그러한 사람도 일을 하라고 말씀합니다. 그 이유는 세상 사람들처럼 더 잘 살기 위한 것이 아닙니다.

자신의 생계를 위한 것이 아니라 가난한 자를 돕기 위하여 일을 하는 것입니다. 이 말씀은 일을 할 수 있는 형편임에도 일을 하지 않는 것은 합당하지 않다는 것입니다. 왜냐하면 구제할 기회를 포기하는 것이기 때문입니다.

재산이 많아서, 또는 가족 중에 한 사람이 충분히 많이 벌고 있으므로 일을 하지 않는다면 구제를 게을리하는 허물이 있는 것입니다. 병들었거나 자녀 양육 등 일을 못할 특별한 이유가 없다면 일을 하십시오.

성경은 가난한 자를 도우라고 여러차례 말씀하고 있습니다. 그리고 구제하지 않는 자를 심판할 것이라고 하였습니다. 본문 말씀은 구제할 수 있도록 일을 하라고 말씀합니다. 구제의 중요성을 이 보다 더 절실하게 표현할 수 없을 것입니다.

그럼에도 불구하고 여러분은 계속 저축한 통장을 움켜지고 지갑을 열지 않겠습니까? 자신과 가족을 위하여만 돈을 쓸 궁리를 하겠습니까? 재산을 자식에게 물려줄 계획을 하겠습니까? 굶어 병들고 죽어가는 영혼들이 눈에 아른거리지 않습니까? 구제하지 않는 자를 심판하는 하나님이 두렵지 않습니까? 돈에 자신의 영혼을 담보하는 사람은 어리석은 것입니다.

일을 하지 않아도 살 수 있는 부유한 여러분은 이제 구제하기 위하여 일을 하십시오. 소유를 팔아 가난한 자를 돕고 계속하여 가난한 자를 구제할 수 있도록 자기 손으로 수고하십시오. 그리하여 굶는 자들을 살리고 천국에는 보화를 쌓아 구원받게 되기를 목수로 일하신 우리 주 예수 그리스도의 이름으로 축복합니다.

10
실제로 구제하는 법

"가난한 자를 구제하는 자는 궁핍하지 아니하려니와 못 본 체
하는 자에게는 저주가 크리라" (잠언 28:27).

성경이 말씀하는 구제는 단순히 가난한 자를 불쌍히 여겨 선행을
하는 이상의 의미가 있습니다. 성경이 가르치는 구제는 하나님의 구
원의 방법 중에 하나입니다. 하나님은 인간들을 모두 가난하지도 너
무 부유하지도 않게 할 수 있지만 그렇게 하지 않았습니다. 그리고
땅에는 항상 가난한 자가 그치지 않을 것이라고 말씀하였습니다. 신
명기 15장 11절을 보겠습니다.

"땅에는 언제든지 가난한 자가 그치지 아니하겠으므로 내가 네게 명령하
여 이르노니 너는 반드시 네 땅 안에 네 형제 중 곤란한 자와 궁핍한 자에
게 네 손을 펼지니라" (신 15:11).

이 말씀은 부유한 자가 가난한 자를 돕는지 보려고 가난한 자를
계속 이 땅에 있게 할 것이라는 의미가 강하게 느껴집니다. 부유한
자가 가난한 자를 도울 때에 가난한 자의 육체가 구원받고 돕는 부

자는 영혼이 구원받습니다. 그리고 궁극적으로는 가난한 자의 영혼도 구원받게 하는 것입니다. 이것은 오묘한 하나님의 섭리입니다. 이러한 깊은 뜻이 있으므로 하나님은 가난한 자를 반드시 도울 것과 가난한 자를 못 본 척하는 자에게는 벌을 내린다고 말씀하는 것입니다.

성경은 구제가 하나님께 상달되는 중요한 것들 중에 하나임을 보여주고 있습니다. 사도행전 10장 4절을 보겠습니다.

"고넬료가 주목하여 보고 두려워 이르되 주여 무슨 일이니이까 천사가 이르되 네 기도와 구제가 하나님 앞에 상달되어 기억하신 바가 되었으니" (행 10:4).

하나님께 상달된 것이 기도와 구제 두 가지입니다. 이처럼 성경은 구제를 매우 중요한 문제로 다루고 있습니다. 그러므로 먹고 입는 것 이상을 소유한 사람들은 가난한 자를 구제하는 것이 마땅한 것이며 이는 단순한 선행 이전에 하나님의 명령에 순종하는 아름답고 귀한 일입니다.

이러한 전제 하에서 지금부터는 현실에서 가난한 자를 도울 수 있는 구체적인 방법을 나누어 보겠습니다. 구제를 하고 싶어도 어떻게 어디에, 누구에게 해야 할지 방법을 모르는 사람들이 있습니다. 어떤 사람은 구제기관이 정직하지 않다고 여겨 구제기관에 기부하는 것을 주저하기도 합니다.

교회에는 구제 헌금을 하여도 그것이 구제 헌금으로 사용되는지 확인할 길이 없습니다. 실제로 한국의 교회들이 구제 목적으로 헌금을 사용하는 액수가 다른 용도에 비해 매우 적은 것도 사실입니다.

구제는 크게 두 가지 방법으로 할 수 있습니다. 하나는 가난한 자에게 직접 도움을 주는 것입니다. 다른 하나는 구제기관을 통하여 간접으로 구제하는 것입니다. 우선 직접 할 수 있는 방법에 대하여 나누어 보겠습니다.

국내에서는 교도소의 무연고 재소자들과 재정적으로 형편이 몹시 어려운 이웃을 직접 도울 수 있습니다.

첫째로 교도소의 재소자들을 도우는 방법에 대하여 살펴보겠습니다. 한국의 재소자들의 형편이 심하게 열악하지는 않지만 미국이나 서유럽같은 선진국 수준에는 미치지 못합니다. 기초 건강을 유지할 만큼의 식사는 제공되지만 간식이나 부식까지 넉넉히 공급되는 것은 아닙니다. 또한 무료로 병을 치료해주지 않습니다.

그러므로 연고자가 없거나 영치금을 받지 못하는 재소자들은 어려운 형편에 있는 것이며 돈이 필요합니다. 치료비와 약값을 예외로 한다면 그들이 필요한 돈은 그리 큰 금액은 아닙니다. 어느 한 재소자의 말에 따르면 월 3만 원에서 5만 원 정도의 금액이면 그들에게는 매우 유용하다고 합니다.

그러나 약을 먹고 치료를 받아야 하는 사람들은 경우에 따라 큰 액수의 도움이 필요합니다. 이러한 사람들이야 말로 성경이 말씀하는 곤경에 처한 사람들입니다. 왜냐하면 이들은 질병으로 육체가 고통을 받는데 남의 도움이 없이는 스스로 그 문제를 해결할 수 없기 때문입니다.

이러한 사람들을 돕기를 원하면 법무부 교정국에 전화를 하여 문의하면 방법을 알려 줄 것입니다. 교도소내에는 종교 별 모임이 있는데 기독교 책임자와 연락이 닿도록 요청하는 방법도 있습니다. 이 경우에는 그 분을 통하여 도울 사람을 지정 받아 재소자에게 직접 송금할 수 있습니다. 이렇게 하면 교도소를 방문하거나 제삼자를 통할 필요없이 간편하고 확실하게 돈을 전달할 수 있습니다.

매월 재소자들 개인에게 직접 도움을 주는 교회가 있습니다. 가정교회인데 교도소 내에서 열심히 복음을 전하는 재소자 한 분과 편지와 전화로 연락하고 있습니다. 이 분이 누구를 도울지 이름과 계좌번호를 이 교회에 알려주어서 돕는 것입니다.

출소나 전출 등으로 돕는 대상이 종종 바뀌기도 하는데 처음에는 한 두 명으로 시작하여 하나님께서 점점 더 돕는 사람을 늘렸다고 합니다. 음식을 제대로 먹지 못하여 고통 중에 있는 한 재소자에게 치료비를 보내주기도 하였습니다. 이 치료비는 작은 가정교회가 감당하기에는 큰 금액이었으나 성도들이 긍휼한 마음을 가지고 기도함으로써 하나님께서 도운 것입니다.

둘째로 여러분의 이웃들 중에 궁핍한 자를 찾아 도우십시오. 지금은 한국의 복지 수준이 상당하여 굶거나 헐벗을 정도의 사람은 거의 없습니다. 그럼에도 재정적인 도움이 꼭 필요한 사람들이 있습니다. 이들에 대한 정보를 가장 잘 알고 있는 곳 중에 하나가 주민센터의 복지 담당 부서입니다. 이들을 통하여 형편이 어려운 사람을 개인적으로 소개를 받아 도울 수 있습니다.

정부의 보조가 필요하여 도움을 받는 사람들 중에는 형편이 그리 많이 나쁘지 않은 사람들도 많습니다. 여러분이 도울 사람은 이러한 사람들은 아닙니다. 지금 당장 절실하게 돈이 필요한 곤경에 처한 사람을 도우라는 것입니다.

어떤 경우는 큰 금액의 돈으로 도와 주어야할 지 모릅니다. 어떤 사람은 매월 지속적으로 도와주어야 할 지 모릅니다. 도움이 필요한 사람의 상황과 성령이 주는 감동을 따라 도우면 됩니다.

셋째, 가난한 나라를 직접 방문하여 도우십시오. 성경이 말하는 가난한 자는 아프리카와 남미 등 제3국에 많이 있습니다. 식량이 부족하여 병들거나 죽어 가는 상황에 처한 사람들을 직접 방문하여 돈이나 양식을 나누어 줄 수 있습니다. 현지의 한국 교회나 선교사의 도움을 받아서 할 수 있을 것입니다.

이러한 경우에는 여행 경비도 상당히 소요되니 이를 감안하여 상당한 액수 이상의 구제 비용을 계획해야 할 것입니다. 지금은 코로나 전염병으로 인하여 외국을 가고 오는 일이 간단하지 않습니다. 그렇다고 불가능한 일은 아니니 도전해 보기 바랍니다.

여러분 중에는 외국을 방문하기가 어려우니 현지 선교사에게 돈을 송금하면 되지 않겠냐는 질문을 할 분도 있을 것입니다. 물론 그렇게 하는 것도 한 가지 방법입니다. 그러나 그렇게 할 경우에는 가난한 자들에게 돈이 전달되는 지 확인할 수 있어야 할 것입니다.

이상으로 직접 구제할 수 있는 방법 세 가지에 대하여 살펴보았습니다. 다시 정리하면,

첫째, 교도소 안의 무연고 재소자를 돕는다.

둘째, 나의 이웃에 가난한 자를 찾아서 돕는다.

셋째, 제3국의 빈곤한 사람을 방문하여 직접 구제한다.

다음은 구제기관을 통하여 구제하는 방법에 대하여 살펴보겠습니다. 구제기관들은 정부기관, 구호단체, 교회를 포함한 종교단체 등이 있습니다. 구제기관을 통하여 구제하는 경우는 직접 구제를 할 수 없을 경우에 차선책으로 고려하는 것입니다. 직접 구제할 수 있다면 굳이 구제기관을 이용하지 않는 것이 좋습니다.

그 이유는 구제기관에 기증한 돈이 정확하게 구제의 용도로 사용되는 지 실제로 학인 할 수 없기 때문입니다. 그렇다고 구제기관을 모두 불신한다는 의미는 아닙니다. 그러나 불신할 만한 일이 종종 발생하는 것은 사실입니다. 세계적인 구호 단체인 월드비전은 기부 받은 금액의 약 15퍼센트 정도를 단체 운영비와 광고비로 지출합니다.

그런데 그 기관의 마케팅 담당 책임자의 연봉이 구천 만 원의 고액으로 구설수에 오르기도 하였습니다. 또한 팔레스타인 가자 지구의 월드비전 지부장은 후원금 수백억 원을 팔레스타인 무장 단체인 하마스에 제공한 혐의로 이스라엘 정부에 의해 기소된 적이 있습니다.

그럼에도 불구하고 이러한 기관을 통하여 전 세계의 수많은 가난한 사람들에게 돈이 전달되는 것은 사실입니다. 아프리카의 가난한 자를 소액으로 도울 수 있는 방법은 이러한 구제기관을 이용하는 방법 외에는 없는 것이 현실입니다.

그러므로 세계적인 구제기관을 통하여 구제를 하여도 좋습니다. 단지 믿을 만한 곳을 잘 선정해야 할 것입니다. 믿을 만한 구호단체로 컴패션이라는 곳이 있는데 월드비전보다 더 투명하고 더 기독교적입니다.

한국의 정부 기관 또는 정부가 후원하는 구제기관들이 있습니다. 이러한 기관들은 여러분 각자가 단체의 활동과 신뢰성을 조사하여 판단하기 바랍니다. 독거노인, 소년 소녀 가장, 지체 장애자, 미혼모, 가정폭력 피해 여성 등 여러 종류의 어려움에 처한 사람들을 돕는 단체들이 있습니다.

교회를 통하여 구제할 수 있습니다. 교회는 복음을 전하고 함께 예배 드리고 찬양하고 기도를 하는 곳입니다. 또한 교회는 선한 행실에도 열심을 내야 합니다. 선한 행실 중에 하나가 가난한 자, 곤경에 처한 자를 돕는 것입니다. 그리하여 교회는 구제 헌금이라는 헌금의 용도를 따로 정해 놓기도 하였습니다.

이러한 교회의 사명과 역할에 근거를 하면 교회에 구제를 위한 헌금을 하는 것은 합당한 것입니다. 그러나 문제는 구제헌금이 구제의 용도로 바르게 쓰이고 그 내용이 정확하게 기록되고 투명하게 공개되느냐는 사실입니다.

여러분이 섬기는 교회가 그러하다면 그 교회에 구제헌금을 하십시오. 그렇지 않다면 여러분이 섬기는 교회일지라도 구제 헌금을 그곳에 하지 마십시오. 구제 헌금을 바르고 투명하게 하는 교회를 찾아서 그 곳에 구제 헌금을 하십시오.

세계 2위의 부자인 워렌 버핏은 세계 1위의 갑부인 빌 게이츠의 재단에 거액을 기부합니다. 그렇게 하는 이유는 빌 게이츠가 자신보다 기부금을 운영하는데 더 전문가이기 때문이라고 합니다. 이와 마찬가지로 여러분도 더 구제를 잘할 것으로 여겨지는 교회나 단체에게 위탁하는 것이 현명합니다.

이상으로 구제기관을 통하여 간접으로 구제할 수 있는 방법에 대하여 나누어 보았습니다. 그것을 정리하면,

첫째, 컴패션 같은 세계적인 구호단체를 통하여 구제를 한다.

둘째, 정부기관을 통하여 구제를 한다.

셋째, 교회를 통하여 구제한다.

중요한 것은 돈이 가난한 자에게 반드시 전달이 되어야 한다는 것입니다. 그러므로 확신할 수 없는 사람에게는 돈을 보내지 마십시오. 그 사람이 구호 단체장이든, 선교사이든, 목사이든 상관없습니다. 세상이 악하여 구제를 빙자하여 자신의 이익을 도모하는 자들이 많습니다. 그 중에는 교회도 포함됩니다. 하나님이 주신 귀한 재물을 악한 자들에게 뺏기지 않아야 하겠습니다.

이상으로 구제를 실천할 수 있는 구체적인 방법에 대하여 나누어 보았습니다. 아직 구제를 하지 않는 분들은 이번 기회에 가난한 자들의 생명을 살리고 여러분의 영혼은 구원받고 하나님은 기뻐하는 구제를 실천하고 현재 구제를 하고 있는 분들은 구제 금액과 지경을 더 크고 넓게 확장하게 되기를 주님의 이름으로 축복합니다.

지금부터는 성경에서 보여주는 구제의 예들을 살펴보겠습니다.

첫째, 마게도냐 교회 성도들의 구제를 살펴보겠습니다. 고린도후서 8장 1절에서 5절까지와 20절을 보겠습니다.

"형제들아 하나님께서 마게도냐 교회들에게 주신 은혜를 우리가 너희에게 알리노니" "환난의 많은 시련 가운데서 그들의 넘치는 기쁨과 극심한 가난이 그들의 풍성한 연보를 넘치도록 하게 하였느니라" "내가 증언하

노니 그들이 힘대로 할 뿐 아니라 힘에 지나도록 자원하여" "이 은혜와 성
도 섬기는 일에 참여함에 대하여 우리에게 간절히 구하니" "우리가 바라
던 것뿐 아니라 그들이 먼저 자신을 주께 드리고 또 하나님의 뜻을 따라
우리에게 주었도다" (고후 8:1-5).
"이것을 조심함은 우리가 맡은 이 거액의 연보에 대하여 아무도 우리를
비방하지 못하게 하려 함이니" (고후 8:20).

이 구절은 마게도냐의 성도들이 연보를 풍성하게 하였다고 말씀
합니다. 거액이라고 표현을 한 것으로 미루어 보아 상당히 큰 금액
의 헌금을 한 것으로 보여집니다. 그런데 이 마게도냐의 성도들이 부
유하여서 이처럼 거액의 헌금을 한 것이 아닙니다. 이들은 가난한 자
들입니다. 그런데 보통으로 가난한 자들이 아닙니다. 극심하게 가난
한 자들입니다.

또한 이들은 많은 시련과 고난 중에 있었다고 합니다. 그럼에도
불구하고 이들은 큰 금액을 헌금하였습니다. 여기에서 그치지 않았
습니다. 그들은 오히려 다른 성도들을 물질로 섬길 수 있도록 간청
을 할 정도였습니다. 이 구절의 말씀은 성경 전체를 통틀어 가장 감
동적인 구제의 장면 중에 하나입니다. 이 감동의 이야기는 미국이나
한국의 그 누구도 돈이 없어 구제하지 못한다는 핑계를 댈 수 없게
합니다.

둘째, 삭개오의 구제에 대하여 살펴보겠습니다. 누가복음 19장 8
절에서 10절까지를 보겠습니다.

"삭개오가 서서 주께 여짜오되 주여 보시옵소서 내 소유의 절반을 가난한 자들에게 주겠사오며 만일 누구의 것을 속여 빼앗은 일이 있으면 네 갑절 이나 갚겠나이다""예수께서 이르시되 오늘 구원이 이 집에 이르렀으니 이 사람도 아브라함의 자손임이로다""인자가 온 것은 잃어버린 자를 찾 아 구원하려 함이니라" (눅 19:8-10).

이 구절은 구제와 관련하여 매우 드라마틱한 반전을 보여줍니다. 지옥 갈 뻔한 사람이 구제함으로써 순식간에 천국으로 옮겨졌으니 이보다 더 극적인 장면이 없을 것입니다. 삭개오는 악한 세리들 중에 서도 우두머리였습니다. 구원받지 못한 사람이었습니다. 그러나 그 가 예수님의 방문을 받고 회개하여 가난한 자에게 재물을 나누어 주 겠다고 고백하였습니다. 그러자 예수님은 즉시로 삭개오가 구원받 았다고 선포하였습니다.

그 당시 세리들은 임의로 세금을 거두어 일정액만 로마에 바치고 남는 것은 자신들이 가졌습니다. 이렇게 하는 것은 도둑질이고 강도 질과 같은 것입니다. 그러므로 유대인들이 가장 미워하는 사람들이 자신의 같은 종족인 유대인 세리들이었습니다. 이렇게 악한 세리들 중에도 우두머리였던 삭개오가 단 번에 회개를 하였는데 그 회개의 열매가 바로 구제였습니다.

셋째, 고넬료의 구제에 대하여 살펴보겠습니다. 사도행전 10장 1 절, 2절과 31절을 보겠습니다.

"가이사랴에 고넬료라 하는 사람이 있으니 이달리야 부대라 하는 군대의

백부장이라" "그가 경건하여 온 집안과 더불어 하나님을 경외하며 백성
을 많이 구제하고 하나님께 항상 기도하더니" (행 10:1-2).
"말하되 고넬료야 하나님이 네 기도를 들으시고 네 구제를 기억하셨으
니" (행 10:31).

고넬료는 로마의 군대 장교로서 식민지 하에 있는 유대인을 핍박
하지도 않았을 뿐더러 오히려 유대인들을 도왔습니다. 그런데 보통
으로 도운 것이 아닙니다. 하나님이 기억할 만한 정도로 많은 가난
한 유대인들을 도왔습니다.

고넬료는 로마인임에도 하나님을 잘 믿는 사람이었습니다. 그 당
시 대부분의 로마인은 하나님을 믿지 않았습니다. 로마 황제를 신격
화하고 다른 여러가지 잡신들을 섬기는 사람들이었습니다. 그러나
고넬료는 달랐습니다. 하나님을 경외하는 경건한 사람이었고 기도하
던 사람이었습니다.

점령군은 보통 점령한 국가를 수탈하고 강포를 행하는 일이 일반
적입니다. 그러나 고넬료는 점령국의 사람들에게 선행을 하였는데
그 선행의 핵심이 구제였습니다. 이것은 이방인의 아름다운 구제 이
야기입니다.

이상의 세 가지의 구제의 이야기를 살펴보았는데 여기에는 특징이
있습니다. 그것은 구제를 할 것 같지 않은 사람들이 구제하였다는 것
입니다. 첫째는 마게도냐의 극심하게 가난한 성도들이 구제하였고
둘째는 세리장같은 악한 자가 구제하였고 셋째는 점령군의 장교가
구제하였습니다.

보통은 부유한 자가 구제를 하고 선해 보이는 자가 구제를 하고 점령군의 군대 장교는 수탈을 하는 것이 일반적인 상식으로 여겨집니다. 그러나 성경은 그렇지 않은 것을 보여줍니다. 수입과 재산이 적은 사람들이 구제에 열심이고 마게도냐 성도들처럼 넉넉하지 않은 사람들이 힘에 닿도록 구제합니다.

구제하기를 싫어하는 어떤 한 사람을 보겠습니다. 마가복음 10장 20절에서 22절까지를 보겠습니다.

"그가 여짜오되 선생님이여 이것은 내가 어려서부터 다 지켰나이다" "예수께서 그를 보시고 사랑하사 이르시되 네게 아직도 한 가지 부족한 것이 있으니 가서 네게 있는 것을 다 팔아 가난한 자들에게 주라 그리하면 하늘에서 보화가 네게 있으리라 그리고 와서 나를 따르라 하시니" "그 사람은 재물이 많은 고로 이 말씀으로 인하여 슬픈 기색을 띠고 근심하며 가니라" (막 10:20-22).

이 부자 관리는 어렸을 때부터 십계명을 모두 지킨 신실한 자였습니다. 그러나 구제는 하지 않았습니다. 소유를 팔아 가난한 자에게 나누어 주라는 예수님의 말은 듣지 않고 근심하며 떠났습니다.

악한 삭개오는 구제를 하는데 선한 청년 관리는 구제를 하지 않습니다. 가난한 자는 구제를 하는데 부자는 구제하기를 싫어합니다. 하나님을 믿는 부유한 자들이 구제하지 않거나 인색한 것은 예수님의 때에나 현대에나 바뀐 것이 없습니다. 그것은 현대의 교회 안의 많은 부자들이 가난한 사람을 위하여 얼마나 구제하는지 보면 알 수 있습니다.

초대교회의 헌금은 크게 두 가지 용도로 사용되었습니다. 주의 종들이 먹고 입는 것과 가난한 자를 돕는 것이었습니다. 현대의 교회처럼 헌금으로 교회 건물에 돈을 들이거나 교인들 스스로 먹는 용도로 사용하지 않았습니다. 지금 교회들이 건물과 교회 스스로를 위하여 사용하는 모든 물질은 가난한 자들에게 가야할 돈입니다.

재물은 주인의 뜻대로 사용되어야 합니다. 모든 재물의 주인인 하나님은 교회 건물을 짓기 위하여 돈을 사용하라는 말씀을 한 적이 없습니다. 대신에 가난한 자들에 나누어 주라고 말씀하였습니다. 성경은 지극히 작은 자에게 한 것이 주님에게 한 것이라고 말씀합니다. 지극히 작은 자는 도움이 필요한 사람을 의미하는 것입니다.

그러니 곤경에 처한 사람들은 돕지 않고 스스로의 배를 채우기에 급급한 많은 교회들은 주님을 위하여 한 일이 아무 것도 없는 것입니다. 그 날에 주님으로부터 도무지 너희를 알지 못한다는 말을 듣게 될 것입니다.

마지막으로 구제의 축복에 대한 말씀들을 몇가지 소개하겠습니다. 누가복음 12장 33절,

"너희 소유를 팔아 구제하여 낡아지지 아니하는 배낭을 만들라 곧 하늘에 둔 바 다함이 없는 보물이니 거기는 도둑도 가까이하는 일이 없고 좀도 먹는 일이 없느니라" (눅 12:33).

히브리서 13장 16절,

"오직 선을 행함과 서로 나누어 주기를 잊지 말라 하나님은 이같은 제사를 기뻐하시느니라"(히 13:16).

잠언 11장 24절,

"흩어 구제하여도 더욱 부하게 되는 일이 있나니 과도히 아껴도 가난하게 될 뿐이니라"(잠 11:24).

잠언 11장 25절,

"구제를 좋아하는 자는 풍족하여질 것이요 남을 윤택하게 하는 자는 자기도 윤택하여지리라"(잠 11:25).

구제를 하는 모든 사람들이 이러한 복을 받게 되기를 예수 그리스도의 이름으로 축복합니다.

IV
모두 주께 바치라

11
제사는 열심인데 삶이 거룩하지 않은 백성

"여호와께서 말씀하시되 너희의 무수한 제물이 내게 무엇이 유익하뇨 나는 숫양의 번제와 살진 짐승의 기름에 배불렀고 나는 수송아지나 어린 양이나 숫염소의 피를 기뻐하지 아니하노라" "너희가 내 앞에 보이러 오니 이것을 누가 너희에게 요구하였느냐 내 마당만 밟을 뿐이니라" "헛된 제물을 다시 가져오지 말라 분향은 내가 가증히 여기는 바요 월삭과 안식일과 대회로 모이는 것도 그러하니 성회와 아울러 악을 행하는 것을 내가 견디지 못하겠노라" (이사야 1:11-13).

"너희는 스스로 씻으며 스스로 깨끗하게 하여 내 목전에서 너희 악한 행실을 버리며 행악을 그치고" "선행을 배우며 정의를 구하며 학대받는 자를 도와주며 고아를 위하여 신원하며 과부를 위하여 변호하라 하셨느니라" (이사야 1:16-17).

믿음 생활의 핵심은 교회의 예배에 참석하는 것이 아닙니다. 믿음 생활의 본질은 성경을 읽고 그대로 행하는 것입니다. 주일 예배 참석률을 기준으로 구원이 결정되지 않습니다. 구원은 성경 말씀대로 행하였는지 여부로 정해집니다.

보통의 교회는 일요일을 안식일로 간주하고 그 날에 일하는 사람들에게 예배는 반드시 참석하라고 가르칩니다. 일은 하더라도 예배에 참석하면 괜찮다는 의미로 가르칩니다.

성경은 안식일에 대하여 크게 두 가지를 가르칩니다. 안식일에 일하지 말 것과 모여 예배 드리라고 가르칩니다. 안식일에는 이 두 가지가 모두 잘 지켜져야 합니다. 그런데 굳이 이 둘 중에 어떤 사항이 더 중요한지를 살펴본다면 그것은 안식일에 일을 하지 않는 것입니다. 왜냐하면 이스라엘 백성이 안식일을 범하여 벌을 받을 때에 그날에 일을 한 이유로 벌을 받았지 모이지 않아서 벌을 받았다는 말씀은 성경에 한 번도 없기 때문입니다.

이러한 예를 현대의 교회에 적용한다면 교회는 일요일에 예배에 참석하는 것보다 일요일에 일을 하지 않아야 하는 것을 훨씬 더 중요하게 가르쳐야 합니다. 그러나 한국의 교회들은 주일에 일을 하지 말라는 것 보다는 주일 성수를 훨씬 강조하여 가르칩니다.

이러한 가르침은 한국의 교인들에게 본문의 말씀이 응하게 하는 것입니다. 본문 말씀은 하나님의 가르침대로 거룩하게 살지는 않으면서 제사만 열심히 지내는 이스라엘 백성들을 하나님이 책망하는 내용입니다. 이러한 모습은 안식일에 일을 하면서 주일 예배 참석만 중요하게 여기는 한국 교인들을 연상하게 합니다.

많은 한국의 교인들이 하나님의 계명을 지키지 않습니다. 안식일도 지키지 않습니다. 삶도 거룩하지 않습니다. 그러나 예배에는 한 번도 빠지지 않는 성실한 종교 생활을 합니다. 이것은 위선입니다.

많은 믿는 자들의 삶이 깨끗하지 못합니다. 술, 담배, 음란 등의 행위로 몸을 더럽힙니다. 마음과 생각으로 죄를 짓습니다. 그럼에도 불구하고 이들은 예배에 열심히 참석합니다. 여러분 중에도 이러한 교인들을 많이 보고 접했을 것입니다. 여러분 스스로가 이러한 경험이 있었을 수도 있습니다.

본문의 구절은 이러한 사람들을 성전 뜰만 밟는 자들이라고 말씀합니다. 본문 말씀 중 이사야 1장 11절에서 13절까지를 보겠습니다.

"여호와께서 말씀하시되 너희의 무수한 제물이 내게 무엇이 유익하뇨 나는 숫양의 번제와 살진 짐승의 기름에 배불렀고 나는 수송아지나 어린 양이나 숫염소의 피를 기뻐하지 아니하노라" "너희가 내 앞에 보이러 오니 이것을 누가 너희에게 요구하였느냐 내 마당만 밟을 뿐이니라" "헛된 제물을 다시 가져오지 말라 분향은 내가 가증히 여기는 바요 월삭과 안식일과 대회로 모이는 것도 그러하니 성회와 아울러 악을 행하는 것을 내가 견디지 못하겠노라" (사 1:11-13).

여기서의 모든 제사들은 지금의 모든 예배를 의미하는 것입니다. 주일 예배, 수요 예배, 금요 예배, 철야 예배, 특별 부흥 성회, 구역 예배 등입니다. 그러나 하나님은 아무리 자주 모여 예배 드리고 아무리 큰 금액을 헌금하고 아무리 큰 소리로 찬양하더라도 악을 행하고 와서 드리는 예배는 받지 않습니다. 단순히 받지 않는 정도가 아닙니다. 삶이 깨끗하지 못한 채 와서 드리는 예배를 견딜 수 없을 정도로 가증하게 여깁니다.

또 다른 위선적인 신앙생활 중에 하나는 부유한 교인들이 가난한 자를 돕지 않는 것입니다. 미국, 서유럽, 한국에는 부유한 교인들이 많습니다. 이들은 십일조도 하고 감사 헌금도 합니다. 이들은 수입이 많으므로 십일조도 많이 하는 편입니다. 자신이 다른 교인들보다 십일조를 많이 하는 사실을 감사하게 생각하기도 합니다. 그러나 가난한 자를 돕지 않습니다.

이들은 십일조와 감사 헌금한 것이 가난한 자를 돕지 않은 죄의 면죄부가 되지 않는 다는 사실을 모릅니다. 본문 말씀 중 이사야 1장 16절, 17절을 보겠습니다.

> "너희는 스스로 씻으며 스스로 깨끗하게 하여 내 목전에서 너희 악한 행실을 버리며 행악을 그치고" "선행을 배우며 정의를 구하며 학대받는 자를 도와주며 고아를 위하여 신원하며 과부를 위하여 변호하라 하셨느니라" (사 1:16-17).

여기서 깨끗게 하고 악한 행실을 버리라고 책망 받는 사람들은 열심히 제사를 드리던 사람입니다. 절기를 지키고 매월 초하루에 모여 예물을 드리던 사람들입니다. 지금의 교회에 적용하면 모든 예배에 빠지지 않는 교인들입니다. 그런데 이들은 더럽고 악한 자들이라고 합니다. 선행도 없고 정의롭지도 않은 자들이라고 합니다.

이들에게 하라고 명한 것은 학대받는 자, 고아, 과부를 돕는 것입니다. 학대를 받는 자나 고아나 과부는 궁핍한 사람들입니다. 가난하므로 학대를 받고 부모 없는 아이는 끼니를 이어 가기도 힘들 것입니다. 과부들도 경제력이 없으므로 가난할 수 밖에 없습니다. 이렇게 가난한 자들을 돕지 않는 것은 악한 것입니다.

성경에는 곤경에 처한 자나 가난한 자를 도우라는 가르침이 많이 있습니다. 이러한 사람들을 돕지 않으면 벌을 받는다고 여러 차례 말씀합니다. 그럼에도 불구하고 고대에나 현대에나 곤경에 처한 자와 가난한 자를 돕는 사람이 많지 않습니다. 가난한 자를 약간 돕는 사람은 있습니다. 그러나 성경은 힘써 도우라고 하고 소유를 팔아 가난한 자에게 주라고 합니다.

하나님이 궁핍한 자를 돕지 않는 사람들에게 분개하는 이유는 이들이 여호와께 제사는 빠지지 않고 잘 드리기 때문입니다. 이 부분을 하나님은 못 참는 것입니다. 하나님을 모르는 자들이 이렇게 행하면 특별히 크게 분개할 이유가 없습니다. 하나님을 주라고 부르는 자들이, 주일 예배에는 한 번도 빠지지 않는 교인이 돌아서서는 가난한 자들, 굶어 죽어가는 자들을 외면하기 때문에 진노하는 것입니다.

재물과 관련한 성경의 가르침은 매우 단순하고 쉽습니다. 먹고 입는 것으로 족하고 남는 재산은 가난한 자에게 나누어 주라는 것입니다. 이 말씀을 한국 교인들의 현실에 적용해보겠습니다. 아울러 한국의 믿는 사람들 중에 부유한 사람이 얼마나 많은지도 짚어보겠습니다.

삼억 원 하는 아파트를 소유한 한 믿는 부부의 예를 보겠습니다. 이 부부는 결혼 후 십 년간 저축하여 삼억 원에 아파트를 구입하여 소유하고 있습니다. 그렇다면 이 부부는 저축하지 말라는 하나님의 계명을 십 년간 어긴 것입니다. 그러므로 이 부부는 회개해야 합니다. 회개의 열매를 맺으려면 아파트를 팔아 가난한 자를 도우면 됩니다.

이억 원 전세집으로 이사를 하고 남는 돈 일억 원은 가난한 자에게 나누어 주면 됩니다. 그렇게 하는 것 보다 더 온전한 것은 집을 팔고 월세집으로 이사 가는 것입니다. 남는 돈은 헌금하고 구제하는 것입니다. 가난한 자를 도우는 방법은 이처럼 간단합니다.

집을 팔고 전세집으로 이사 가는 것, 전세로 살다가 월세집으로 이사 가는 것이 그리 어려운 일은 아닙니다. 전세금 빼서 월세로 가고 남는 돈으로 굶어 죽어 가는 아프리카의 어린이를 도우십시오. 본문 말씀은 이렇게 하지 않는 자를 악행 하는 자라고 말씀합니다.

예수 그리스도를 믿는 사람들에게 세상은 잠시 동안 순례하는 곳입니다. 여러분이 유럽 여행을 한 달간 다닐 때에 영국에서 일주일 체류하기 위하여 집을 장만하지 않을 것입니다. 이태리에서 오일 머물려고 주택을 구입하지 않을 것입니다. 독일에서 삼일 숙박하려고 전세집을 구하지 않을 것입니다. 며칠 묵을 숙박비를 낼 것입니다.

마찬가지로 믿는 자는 이 땅에서 여행자이며 잠시 후면 본향인 천국으로 갑니다. 그러니 집을 소유할 필요도 이유도 없습니다. 매달 숙박료 내는 월세로 살다 가는 것입니다. 집을 소유하려는 사람은 이 땅에서 영원히 살려고 하는 것은 아닌지 자신에게 물어야 할 것입니다. 이 땅에 소망을 두면 천국을 갈 수 없습니다.

그렇게 비싼 집을 남겨두고 죽으면 부끄러운 것입니다. 거액의 전세금을 남기고 떠나면 그 영혼이 어떻게 될지 모릅니다. 부자와 거지 나사로의 이야기를 기억해야 할 것입니다.

성경은 양과 염소를 구분합니다. 양은 구원받은 자로 염소는 구원받지 못한 자로 비유합니다. 양은 오른 편에 염소는 왼편에 세웁니다. 왼편은 오른편의 반대이므로 옳지 않은 편이라는 의미가 있습니다. 이러한 단어의 의미에 맞게 성경은 오른 편에 있는 자들은 구원받은 자들, 왼편에 있는 자는 구원받지 못한 자들로 분류합니다.

마태복음 25장 31절에서 34절까지와 41절을 보겠습니다.

"인자가 자기 영광으로 모든 천사와 함께 올 때에 자기 영광의 보좌에 앉으리니" "모든 민족을 그 앞에 모으고 각각 구분하기를 목자가 양과 염소를 구분하는 것 같이 하여" "양은 그 오른편에 염소는 왼편에 두리라" "그때에 임금이 그 오른편에 있는 자들에게 이르시되 내 아버지께 복 받을 자들이여 나아와 창세로부터 너희를 위하여 예비된 나라를 상속받으라" (마 25:31-34).

"또 왼편에 있는 자들에게 이르시되 저주를 받은 자들아 나를 떠나 마귀와 그 사자들을 위하여 예비된 영원한 불에 들어가라" (마 25:41).

그렇다면 어떤 자들이 오른편으로 분류되고 어떠한 자들은 왼편으로 분류되는 지를 살펴보겠습니다. 먼저 왼편으로 분류되어 멸망하는 자들을 보겠습니다. 마태복음 25장 42절, 43절을 보겠습니다.

"내가 주릴 때에 너희가 먹을 것을 주지 아니하였고 목마를 때에 마시게 하지 아니하였고" "나그네 되었을 때에 영접하지 아니하였고 헐벗었을 때에 옷 입히지 아니하였고 병들었을 때와 옥에 갇혔을 때에 돌보지 아니하였느니라 하시니" (마 25:42-43).

주린 자에게 먹을 것을 주지 않은 자, 나그네를 돌아보지 않은 자,

헐벗은 사람에게 옷을 주진 않은 자, 병든 자와 감옥에 있는 자를 돌보지 않은 자들이 왼편으로 분류되는 자들입니다. 지금 나열한 사람들은 궁핍하고 도움이 필요한 사람들입니다. 이러한 사람들을 돕지 않은 것은 주님을 돕지 않은 것과 같은 것입니다. 그리하여 왼편으로 분류되고 지옥으로 가는 것입니다.

이 가르침이 가난한 자들을 돕지 않는 부유한 크리스천들에게 찔림으로 와 닿아야 합니다. 한국에는 굶어 죽는 사람은 거의 없습니다. 성경에서 말하는 굶주린 사람들, 헐벗은 사람들은 제3세계 국가에 있습니다. 그렇다면 여러분이 이 설교를 통하여 가난한 자를 돕겠다는 깨달음이 온다면 재산을 팔아서 그 곳으로 가면 됩니다. 비행기를 타고 갈 수 있습니다. 가서 복음도 전하고 돈도 나누어 주십시오. 가난한 자들의 육체와 영혼을 구원하고 스스로는 오른 편으로 분류되는 복을 받으십시오.

한국의 교회에는 번영복음이 만연합니다. 번영복음은 돈을 사랑하라는 복음입니다. 그러나 성경은 돈을 사랑하지 말라고 합니다. 돈을 사랑함이 만악의 뿌리라고 말씀합니다. 이 땅에서 부귀를 누리라는 번영복음은 사탄이 복음으로 가장하여 교회 안에 들어온 것입니다. 이러한 틀린 가르침을 사람들은 듣기 좋아합니다. 사람들에게 부유하게 누리라는 말은 언제 들어도 귀가 간지러운 달콤한 말입니다.

번영복음을 듣는 자들은 돈을 자신의 정욕과 이생의 자랑을 위해 사용하기를 기뻐합니다. 그러므로 교회에 어느 정도 헌금은 할지라도 소유를 팔아 가난한 자를 힘써 돕지는 않습니다. 이러한 사람들이 바로 마지막에 왼편으로 분리되는 사람들입니다.

재물과 관련하여, 특별히 거주하는 집과 관련하여 삶에 적용할 수 있는 지혜를 간략히 말씀드리겠습니다.

첫째, 지금 월세를 사시는 분들에게 당부합니다. 앞으로 돈을 저축하거나 융자하여 전세집으로 이사를 하거나 집을 구입할 계획을 하지 마십시오. 성경은 저축하지 말라고 가르치며 사랑 외에는 빚을 지지말라고 하였습니다. 그 빚은 전세나 주택 구입을 위한 것도 예외가 아닙니다.

여러분은 지금 가장 성경적이고 복 받은 삶을 살고 있는 것이며 하나님이 그렇게 인도한 것입니다. 그러니 월세로 검소하게 살게 하는 하나님께 감사하십시오. 먹고 입는 것과 월세는 하나님께서 책임집니다. "나는 언제 집을 장만할 수 있을까"라는 한탄을 하였다면 이제 그러한 한탄을 거두십시오. 이 말씀이 월세로 사는 모든 분들에게 힘과 격려가 되기를 소망합니다.

둘째, 전세로 사는 분들에게 당부합니다. 저축하거나 융자하여 집을 구입하려고 하지 마십시오. 그 이유는 조금 전에 말씀드렸습니다. 여러분이 매우 저렴한 전세로 소박한 모습으로 살고 있지 않다면 전세금을 빼서 월세 집으로 이사하십시오. 남는 재산은 가난한 자에게 주십시오. 굶어 죽어가는 자도 살리고 여러분은 우편으로 분류되어 천국 가는 복을 받을 것입니다.

셋째, 자신의 집을 소유한 분들에게 당부합니다. 저축하거나 융자하여 더 크고 좋은 집으로 이사할 계획을 하지 마십시오. 대신에 집을 팔아 월세로 이사하고 남는 재산을 모두 가난한 자들에게 나누어 주십시오. 그 이유와 받는 복은 이미 설명하였습니다.

거주하는 집과 관련한 삶의 적용 문제를 간략히 설명하였습니다. 그러나 세상에는 이러한 가르침과 상충하는 교훈이 있습니다. 그것은 경제성에 관한 이론입니다. 집을 사면 집값이 올라 이익을 보므로 가능한 집을 사야 한다는 것입니다.

월세보다 전세 융자금의 이자가 싸므로 융자를 해서라도 전세를 살아야 한다고 계산합니다. 세상의 이론이 숫자로는 맞을지 몰라도 성경 말씀에는 어긋납니다. 하나님은 검소한 월세는 책임져도 융자금 상환은 책임지지 않습니다. 이것은 성경이 가르치는 것입니다.

여러분은 세상 이론을 따를지 성경 말씀을 따를지 결정해야 할 것입니다. 여러분은 지금 이 설교를 통하여 왼편으로 분류될지 오른 편으로 분류될지를 근심해야 할 것입니다.

12
집을 팔아 헌금하라

"오멜로 되어 본즉 많이 거둔 자도 남음이 없고 적게 거둔 자도 부족함이 없이 각 사람은 먹을 만큼만 거두었더라" "모세가 그들에게 이르기를 아무든지 아침까지 그것을 남겨두지 말라 하였으나" "그들이 모세에게 순종하지 아니하고 더러는 아침까지 두었더니 벌레가 생기고 냄새가 난지라 모세가 그들에게 노하니라" (출애굽기 16:18-20).

하나님은 인간을 지으시고 인간이 생존할 수 있는 모든 여건을 갖추어 주었습니다. 그리고 이 땅에서 번성하여 살라고 하였습니다. 인간 뿐만 아니라 동물과 식물들까지도 살 수 있도록 공기와 햇빛과 물을 주었습니다. 먹을 양식도 주었습니다.

지금도 하나님은 전 인류에게 양식을 공급하고 있습니다. 한치의 오차도 없는 하나님이 부족하지도 않고 남지도 않게 모든 인류에게 먹을 것을 공급하고 있습니다. 국가별로 개인별로 많고 적음의 차이는 있겠지만 합산하면 부족하지 않습니다.

그럼에도 불구하고 세상에는 먹지 못하여 병들거나 죽는 사람들이 있습니다. 그렇다면 이들에게는 여호와의 팔이 짧아진 것이겠습니까? 어떤 사람들에게는 식량을 공급하기가 어려워서 못하는 것이겠습니까? 아니면 다른 특별한 이유가 있어서 이들에게 양식을 부족하게 만드는 것일까요?

하나님은 심판의 수단 중에 하나로 기근을 사용합니다. 그렇다면 굶고 있는 사람들 중에는 죄로 인하여 기근의 벌을 받는 사람이 있을 것입니다. 하나님을 믿으면 먹을 것을 공급한다는 성경 말씀에 근거하면 병들고 죽을 정도로 식량이 부족한 사람들은 예수를 믿지 않는 사람들인 것입니다.

이들이 비록 다른 죄를 짓지 않았을 지라도 믿지 않는 죄로 그러한 벌을 받을 수 있습니다. 그렇다면 이들은 하나님의 심판을 받고 있는 것이므로 그대로 버려 두어야 하는 것일까요? 그렇지 않습니다. 비록 이들이 죄로 인하여 징벌을 받아 굶고 있을 지라도 하나님은 가난한 자에게 네 손을 펴라고 말씀합니다.

신명기 15장 11절을 보겠습니다.

"땅에는 언제든지 가난한 자가 그치지 아니하겠으므로 내가 네게 명령하여 이르노니 너는 반드시 네 땅 안에 네 형제 중 곤란한 자와 궁핍한 자에게 네 손을 펼지니라" (신 15:11).

세상에는 가난한 자가 그치지 않을 것입니다. 그렇다면 성경이 말씀하는 가난한 자는 어떤 사람들이겠습니까? 세상이 의미하는 가난한 자와 성경이 의미하는 가난한 자는 다릅니다. 세상은 상대적 빈곤감도 가난으로 정의를 합니다. 굶지 않음에도 불구하고 평균 수준의 경제적 생활을 하지 못하면 빈곤감을 느낍니다. 그러나 이것은 상대적 빈곤감으로 성경이 말씀하는 가난은 아닙니다.

성경이 말씀하는 가난한 자는 먹을 것과 입을 것이 부족한 사람입니다. 잠언 30장 8절, 9절을 보겠습니다.

> "곧 헛된 것과 거짓말을 내게서 멀리 하옵시며 나를 가난하게도 마옵시고 부하게도 마옵시고 오직 필요한 양식으로 나를 먹이시옵소서" "혹 내가 배불러서 하나님을 모른다 여호와가 누구냐 할까 하오며 혹 내가 가난하여 도둑질하고 내 하나님의 이름을 욕되게 할까 두려워함이니이다" (잠 30:8-9).

가난하게도 말고 부하게도 말고 오직 필요한 양식으로 먹이라는 표현에서 가난한 자와 부자의 정의를 알 수 있습니다. "오직 필요한 양식"이 가난한 자와 부자의 기준입니다. 그 이상이면 부자이고 그 이하이면 가난한 것입니다.

가난한 자가 될 경우에 지을 수 있는 죄와 부유하게 되었을 때 지을 수 있는 죄가 있습니다. 배가 불러지면 하나님을 모른다고 할 수 있고 가난하게 되면 도둑질을 할지 모릅니다. 그러므로 가난하지도 부유하지도 않은 것이 성경적으로 가장 이상적인 삶을 사는 것입니다.

부유해지면 하나님을 떠나게 되는 것은 하나님이 출애굽한 이스라엘 백성에게 예언한 말씀입니다. 신명기 31장 20절을 보겠습니다.

> "내가 그들의 조상들에게 맹세한 바 젖과 꿀이 흐르는 땅으로 그들을 인

도하여 들인 후에 그들이 먹어 배부르고 살찌면 돌이켜 다른 신들을 섬기며 나를 멸시하여 내 언약을 어기리니" (신 31:20).

이 구절은 이스라엘 백성이 잘 살게 되면 하나님으로부터 돌아서고 다른 신을 섬길 것이라고 말씀하는데 반드시 그렇게 된다는 의미입니다. 그렇게 될 지도 모른다는 의미로 한 말씀이 아닙니다. 영어 성경을 보면 그 의미가 더욱 확실합니다. "They will"이라는 표현을 하였습니다. 영어로 "Will"은 의지적으로 한다는 의미입니다.

이 말씀은 고대의 이스라엘 백성에게 응하였습니다. 근대사에서 가장 먼저 부유하게 된 서유럽에도 응하였습니다. 칠십 년 전부터는 미국에도 응하였습니다. 삼십 년 전부터는 한국에도 응하고 있습니다. 부유해질수록 하나님이 없다고 하는 자들이 늘어나고 있습니다.

한국이나 미국처럼 부유한 나라들도 있지만 아직도 지구의 삼분의 일이 매우 가난합니다. 하나님은 물질과 양식을 모두에게 같은 양으로 주지 않습니다. 그렇게 하실 것이라고 이미 말씀하였습니다. "땅에는 언제든지 가난한 자가 그치지 아니하겠으므로…" 라는 구절이 바로 그 것입니다.

그리고 그렇게 하신 이유를 말씀합니다. 가진 자가 가난한 자를 돕게 하기 위한 것입니다. 그것을 의미하는 구절이 바로 "…너는 반드시 네 땅 안에 네 형제 중 곤란한 자와 궁핍한 자에게 네 손을 펼지니라"는 말씀입니다.

모두에게 같은 양의 먹을 것과 재물을 주면 굳이 도움을 주고받는 번거로움이 없을 것입니다. 굶는 사람도 없을 것입니다. 그러나 그렇게 하지 않았습니다. 그렇다면 부유하게 하는 하나님의 목적은 분명합니다. 그것은 가난한 자에게 재물을 나누어 주기 위한 것입니다.

하나님은 세상에 궁핍한 자가 그치지 않도록 하고 그 궁핍을 해결하는 수단으로 부유한 자들을 두었습니다. 그렇게 함으로써 도움을 받는 자는 육체가 구원받고 돕는 자는 영혼의 구원을 이루어 갑니다. 궁극적으로는 도움을 받은 사람의 영혼도 구원받게 합니다. 이것이 가난한 자와 부유한 자를 두어 영혼을 구원하는 하나님의 뜻입니다. 하나님의 구원의 섭리가 참으로 놀랍습니다.

이상의 말씀을 정리하면 두 가지 논리가 정연하게 성립됩니다. 첫째, 부유한 자가 지갑을 열지 않는 한 이 땅의 궁핍한 자는 그치지 않는다. 둘째, 이 땅에 가난한 자가 있는 것은 돕지 않는 부자의 책임이다.

세상에는 두 부류의 사람들이 있습니다. 한 부류는 많이 거둔 자들이고 다른 한 부류는 적게 거둔 자들입니다. 한국과 미국에 사는 여러분은 많이 거둔 부류에 속합니다. 그럼에도 남는 것이 있으면 안 됩니다. 그러면 적게 거둔 자가 부족하게 되고 그것은 여러분의 책임이 됩니다. 그리고 하나님은 그 책임을 여러분에게 물을 것입니다. 신명기 15장 9절을 보겠습니다.

"삼가 너는 마음에 악한 생각을 품지 말라 곧 이르기를 일곱째 해 면제년이 가까이 왔다 하고 네 궁핍한 형제를 악한 눈으로 바라보며 아무것도 주지 아니하면 그가 너를 여호와께 호소하리니 그것이 네게 죄가 되리라"(신 15:9).

여기서 면제년은 빚을 탕감해 주는 해를 뜻합니다. 이 구절은 빚을 탕감해 주었더라도 그 사람이 궁핍하다면 계속 더 도와주라는 것입니다. 어떠한 상황에서도 가난한 자를 보면 도우라는 것이며 그렇게 하지 않으면 죄라고 말씀합니다.

이 말씀이 주는 단순한 교훈은 여러분이 먹고 입는 것 외의 재물이 있음에도 가난한 자를 돕지 않는다면 죄라는 사실입니다. 구제는 하나님의 명령입니다. 믿는 자의 의무이며 책임입니다. 그러므로 성경은 가난한 자를 돕지 않으면 저주를 받는다고 말씀합니다. 잠언 28장 27절을 보겠습니다.

"가난한 자를 구제하는 자는 궁핍하지 아니하려니와 못 본 체하는 자에게는 저주가 크리라" (잠 28:27).

구제하는 자와 구제하지 않는 자가 잘 대비됩니다. 구제하지 않는 자에게는 저주가 임하고 구제하는 자는 궁핍하지 않는 복을 받습니다.

고린도후서 8장 13절에서 15절까지를 보겠습니다.

"이는 다른 사람들은 평안하게 하고 너희는 곤고하게 하려는 것이 아니요 균등하게 하려 함이니" "이제 너희의 넉넉한 것으로 그들의 부족한 것을 보충함은 후에 그들의 넉넉한 것으로 너희의 부족한 것을 보충하여 균등하게 하려 함이라" "기록된 것 같이 많이 거둔 자도 남지 아니하였고 적게 거둔 자도 모자라지 아니하였느니라" (고후 8:13-15).

이 구절은 갈라디아 교회의 성도들이 구제하기 위하여 헌금 드리는 것을 격려하는 말씀입니다. 이 말씀 전에는 마게도냐 교회 성도들이 어려운 형편 중에도 구제를 위하여 풍성하게 헌금한 은혜를 바울이 간증하였습니다.

이 말씀에는 두 가지 포인트가 있습니다. 하나는 여러분이 그리 부유하지 않더라도 더 어려운 사람을 도우라는 것입니다. 다른 하나는 가난한 자를 도운 사람은 자신이 가난해질 때 도움을 받을 수 있다는 것입니다. 많이 거둔 자도 남지 않고 적게 거둔 자도 모자라지 않았다는 말씀이 바로 이러한 의미입니다.

본문 말씀인 출애굽기 16장 19절, 20절을 다시 보겠습니다.

"모세가 그들에게 이르기를 아무든지 아침까지 그것을 남겨두지 말라 하였으나" "그들이 모세에게 순종하지 아니하고 더러는 아침까지 두었더니 벌레가 생기고 냄새가 난지라 모세가 그들에게 노하니라" (출 16:19-20).

여기서 주목하려는 것은 아침까지 만나를 남겨두지 말라는 말씀입니다. 이 말씀의 의미는 하나님이 매일 먹을 식량을 정확한 분량으로 공급하니 저축하지 말라는 것입니다. 여기에서 일용할 양식, 영어로는 "Daily Bread"라는 용어가 나온 것입니다. 일용할 양식이란 하루 먹을 양식이라는 의미입니다. 주기도문에도 일용할 양식을 구하지 일년 먹을 양식을 구하지 않습니다.

인간의 목숨이 하루 밤 사이에 어떻게 될지 아무도 모릅니다. 또한 내일 일을 염려하지 말라고 했습니다. 그러므로 내일 먹을 것이 없을까 염려하여 재물을 쌓는 것은 어리석은 일입니다. 만나를 다음 날까지 남겨둔 사람은 아마도 다음 날에는 만나를 받지 못할까 염려했던 사람일 것입니다. 그러나 내일을 위하여 남겨둔 만나는 썩어서 못 먹게 되었습니다. 그리고 다음 날에도 새로운 만나는 하늘에서 공급되었습니다.

이것이 선하고 공평한 하나님이 만나를 통하여 보여주는 교훈입니다. 하루 하루의 먹을 것으로 족하고 남는 것은 모자라는 사람에게 주라는 것입니다. 남는 것은 가난한 자를 위하여 구제하라는 것입니다. 그렇게 하지 않을 때 쌓아 놓은 재물이 벌레 먹게 되고 악취가 나는 것입니다.

만나를 다음 날까지 남겨서 벌레 먹게 한 사람들에게 모세가 화를 냈습니다. 이들은 매일 필요를 따라 공급하는 하나님을 믿지 않고 불순종하였기 때문입니다. 그리하여 하나님은 모세를 통하여 그 노여움을 보인 것입니다.

야고보서 5장 3절도 동일한 의미로 말씀합니다.

> "너희 금과 은은 녹이 슬었으니 이 녹이 너희에게 증거가 되며 불 같이 너
> 희 살을 먹으리라 너희가 말세에 재물을 쌓았도다" (약 5:3).

금과 은이 녹슨다는 것은 재물이 소용없게 된다는 것입니다. 다음 날 썩어버리는 만나의 교훈이 응하는 것입니다. 단지 소용없게 되는 것에 그치지 않습니다. 재물로 인하여 재물의 주인이 결국 망합니다.

부유한 자가 가난한 자를 구제하지 않는 이유는 크게 세 가지입니다.

첫째, 탐심이 있기 때문입니다. 탐심이 있는 자는 이기적이며 남에게 인색합니다. 그러므로 가난한 사람을 돕지 않거나 조금만 도웁니다. 탐심은 우상 숭배의 큰 죄입니다.

둘째, 돈을 의지하기 때문입니다. 하나님을 의지하지 않고 돈을 의지하는 사람은 돈이 충분히 없으면 내일 일을 염려합니다. 내일 일을 염려하는 자는 믿음이 없는 것입니다. 믿음이 없이는 하나님을 기쁘게 할 수 없습니다. 믿음이 없으면 구원받지 못합니다.

셋째, 자녀에게 재산을 물려주려고 하기 때문입니다. 자녀에게 재산을 물려주는 것은 저주를 물려주는 것과 같습니다. 왜냐하면 재물은 믿음을 약하게 하고 세상 죄에 빠지게 하기 때문입니다.

또한 재물을 쌓지 말라는 성경 말씀의 본을 자녀에게 보이지 못함으로써 믿음의 교육을 망치는 것입니다. 자녀에게는 형편에 따라 최소한의 재산만 물려주되 믿음의 유산을 크게 물려주어야 합니다.

살펴본 대로 부유한 자가 가난한 자를 구제하지 않는 이유 세 가지는 모두 죄입니다. 탐심의 죄와 세상 염려의 죄와 자녀를 죄에 빠지게 하는 죄를 짓는 것입니다. 그러니 성경은 부자가 구원받는 것은 낙타가 바늘 귀로 지나가는 것 보다 더 어렵다고 말씀하는 것입니다.

믿는 자들도 자신의 집을 소유한 사람들이 많습니다. 한국은 주택 소유 비율이 53퍼센트이고 미국은 63퍼센트 입니다. 이처럼 집을 소유하고 있는 것이 어떻게 성경 말씀에 어긋난 것인 지를 살펴보겠습니다.

첫째, 집을 구입한 사람은 저축하지 말라는 계명을 어긴 것입니다. 한국이나 미국의 비싼 집 값을 가정하면 부모로부터 증여나 상속을 받지 않는 한 집을 구입하기 위하여는 상당 기간동안 돈을 저축해야 합니다. 그러나 성경은 저축하지 말라고 가르칩니다. 그러므로 집을 구입한 사람들의 대부분은 저축하지 말라는 성경 말씀을 어긴 것입니다.

둘째, 집을 구입한 사람은 빚을 지지말라는 계명을 어긴 것입니다. 집을 구입할 때에 대부분의 사람들은 은행으로부터 일정 비율을 융자합니다. 그리고 장기간 그 빌린 돈을 갚습니다. 이들이 돈을 빌려 집을 사는 이유는 두 가지 입니다. 전액 자신의 돈으로 사는 것 보다 빨리 집을 살 수 있기 때문입니다. 또 다른 이유는 빚에 대한 이자보다 집값이 더 많이 오를 것이라는 기대감이 있기 때문입니다.

그러나 이러한 경제의 원리는 세상에서는 인정을 받지만 하나님의 말씀에는 어긋납니다. 왜냐하면 성경은 사랑의 빚 외에는 아무 빚도 지지 말라고 가르치기 때문입니다. 로마서 13장 8절을 보겠습니다.

"피차 사랑의 빚 외에는 아무에게든지 아무 빚도 지지 말라 남을 사랑하는 자는 율법을 다 이루었느니라" (롬 13:8).

그럼에도 불구하고 믿는 자들도 주택융자, 사업자금 융자, 신용카드 융자 등 빚지는 일을 일상화하며 살아가고 있습니다.

고대에는 빚을 지고 갚지 못하면 채권자의 종 노릇을 했습니다. 이

것은 세상의 관습이면서 동시에 하나님의 법이었습니다. 여기에 큰 의미가 있습니다. 돈을 빌린다는 것은 남의 종이 될 위험을 감수한다는 의미입니다. 고대에 돈을 빌리는 것은 생계를 위한 것이며 빌린 돈을 갚지 못하는 것도 할 수 없이 그렇게 되는 것입니다. 그리하여 남의 종이 되는 것입니다.

현대에도 생계를 위하여 돈을 빌리는 경우가 있겠지만 집을 구입하기 위하여 돈을 빌리는 것은 생계유지를 위한 것은 아닙니다. 주택자금 융자는 반드시 빌리지 않아도 되는 것입니다. 이처럼 반드시 빌리지 않아도 되는 돈을 빌리는 것은 스스로 종이 되는 위험을 감수하려는 것이므로 어리석은 것입니다.

은행 돈을 빚진 사람은 그 빚을 갚기 위하여 일해야 합니다. 집 모기지같이 큰 금액을 융자한 사람은 실제로 더 많은 일을 해야 할 것입니다. 그렇다면 돈을 갚기 위해 일을 더 하는 것과 돈을 못 갚아서 강제로 일을 하는 것이 무엇이 다르겠습니까? 그러므로 은행에 빚을 지는 것은 실제로 은행을 소유한 소수의 부자들을 위하여 종살이하는 것입니다.

하나님은 믿는 자들에게는 필요한 것을 적절하게 공급합니다. 그러니 빚을 질 이유가 없습니다. 다른 사람에게 손을 벌리지 않게 하기 위하여도 필요한 것을 채웁니다. 그럼에도 불구하고 믿는 사람들도 때때로 부족하다고 여깁니다. 그러나 그것은 부족한 것이 아닙니다. 탐심과 상대적 빈곤감으로 인해 부족하다고 느끼는 것입니다.

그러므로 돈을 빌리는 것은 하나님께 부족한 것이 있다고 항변하는 것입니다. 남의 종이 되는 한이 있더라도 부족한 것을 빚으로 채우겠다고 고집하는 것입니다. 이것은 불순종입니다. 하나님은 사랑의 빚 외에는 빚을 지지말라고 하였습니다. 그것은 주택 융자도 예외가 아닙니다.

문재인 정부가 시작된 후로 사 년간 집 값이 폭등하였다고 말합니다. 정부는 집값이 크게 오르지 않도록 정책을 세우고 집행을 하겠다고 약속하였지만 지금까지 결과는 그렇게 되지 않았습니다. 그렇다면 정부가 실제로 집값이 오르지 않는 정책을 시행은 한 것일까요?

정치적인 시각에서 분석하면 그렇지 않다는 결론이 나옵니다. 이러한 결론이 나오는 데는 복잡한 설명이 필요하지 않습니다. 한국의 주택소유 비율을 보면 알 수 있습니다. 한국의 주택 소유비율은 53 퍼센트입니다. 즉 집 값이 오르면 좋아할 사람이 더 많습니다.

그렇다면 집값을 오르게 하는 것이 정부 여당의 정치 입지에 유리합니다. 그러므로 말은 집값을 잡겠다고 하고 실제로는 올리는 방법을 사용한 것이라는 분석을 하게 되는 것입니다.

이 말씀을 드리는 이유는 정부의 부동산 정책을 논하려는 것은 아닙니다. 집값은 항상 빠른 속도로 올라가므로 빚을 내서라도 사야하겠다고 여기는 사람들에게 충고를 하는 것입니다. 집값 상승에 대한 기대 자체가 탐심이라는 것을 말씀드리는 것입니다.

믿는 사람들은 재테크를 하거나 경제 원리로 살아가는 것은 합당하지 않습니다. 기왕에 먹고 입는 것으로 만족하고 남는 것을 가난한 자에게 주어야 한다면 구태여 집을 사서 돈을 더 벌려고 할 이유가 없습니다.

여러분 중에 혹시 집을 소유하여서 집값이 많이 오른 사람이 있습니까? 집값이 많이 올라서 재산이 더 늘어남으로 기뻐합니까? 사람들에게 자랑하고 싶습니까? 하나님께 감사하고 있습니까?

예수님의 제자들이 귀신이 항복한 것으로 기뻐하자 예수님은 귀신이 항복한 것으로 기뻐하지 말고 제자들의 이름이 하늘에 기록된 것으로 기뻐하라고 말씀하였습니다. 이 말씀과 같은 형식을 빌려 집값 오른 분들에게 당부합니다.

집 값 오른 것으로 기뻐하지 말고 그 집 팔아 구제한 것으로 기뻐하십시오. 구제 헌금하여 여러분의 이름이 하늘에 기록된 것으로 기뻐하기를 우리 주 예수 그리스도의 이름으로 축복합니다.

13

지갑을 열지 않는 믿음은
죽은 믿음

"만일 형제나 자매가 헐벗고 일용할 양식이 없는데" "너희 중에
누구든지 그에게 이르되 평안히 가라, 덥게 하라, 배부르게 하라
하며 그 몸에 쓸 것을 주지 아니하면 무슨 유익이 있으리요" "이
와 같이 행함이 없는 믿음은 그 자체가 죽은 것이라" (야고보서
2:15-17).

믿음에는 증거가 있어야 하며 증거는 볼 수 있어야 합니다. 믿음
의 좋은 증거 중의 하나는 행함입니다. 행함이 증거가 되는 이유는
눈에 보이기 때문입니다. 말로만 고백하는 믿음이 증거가 되지 못하
는 이유는 볼 수 없기 때문입니다.

행동하는 믿음의 가장 분명한 증거가 될 수 있는 것은 지갑을 여
는 지 여부입니다. 어떤 믿는 사람이 헐벗은 사람을 보고 말로만 위
로를 하고 쓸 것은 주지 않는다면 그 사람은 실제로 믿음이 없는 사
람입니다. 헌금과 구제를 얼마나 성의껏 많이 하는 지가 믿음의 좋
은 척도가 됩니다.

헌금의 크기는 재산과 수입의 크기를 감안하여 측정해야 합니다.

수중에 십만 원밖에 없는 사람이 오만 원을 헌금하였다면 천만 원을 가진 사람이 오십 만 원을 헌금한 것보다 더 많이 한 것입니다. 헌금한 금액 오만 원은 오십 만 원 보다 적지만 소유한 재산의 크기를 감안하면 훨씬 더 많이 한 것입니다. 마가복음 12장 41절에서 44절까지를 보겠습니다.

> "예수께서 헌금함을 대하여 앉으사 무리가 어떻게 헌금함에 돈 넣는가를 보실새 여러 부자는 많이 넣는데""한 가난한 과부는 와서 두 렙돈 곧 한 고드란트를 넣는지라""예수께서 제자들을 불러다가 이르시되 내가 진실로 너희에게 이르노니 이 가난한 과부는 헌금함에 넣는 모든 사람보다 많이 넣었도다""그들은 다 그 풍족한 중에서 넣었거니와 이 과부는 그 가난한 중에서 자기의 모든 소유 곧 생활비 전부를 넣었느니라 하시니라" (막 12:41-44).

가난한 과부의 헌금이 부자들의 헌금보다 금액은 적지만 더 많이 헌금한 것으로 간주합니다. 가난한 과부가 헌금한 액수인 두 렙돈은 현재의 화폐 가치로 천 원 정도입니다. 그리고 그 돈은 이 과부의 가진 돈 전부였습니다. 그리하여 예수님은 가난한 자의 적은 헌금이 다른 모든 사람의 헌금보다 더 많이 한 것으로 인정한 것입니다.

헌금과 관련하여 믿는 자들이 일반적으로 잘 못하는 것 두 가지가 있습니다. 하나는 헌금을 인색하게 하는 것입니다. 인색하다는 것은 더 많이 할 만한 형편임에도 불구하고 적게 하거나 받은 은혜의 크기에 비하여 적은 액수를 헌금하는 것을 의미합니다.

다른 하나는 물질적인 보상을 기대하며 헌금하는 것입니다. 특별히 큰 액수의 헌금을 하거나 온전한 십일조를 드리는 사람들이 이러한 마음을 갖는 경향이 있습니다. 하나님은 온전한 십일조를 바치면 큰 복을 준다고 말씀하였지만 그 복은 헌금한 양에 비례하여 재물을 준다는 의미는 아닙니다.

여러분은 헌금을 드릴 때에 이러한 두 가지의 문제에 걸리지 않는지 스스로를 먼저 살펴야 합입니다. 헌물을 드릴 때에는 어떠한 보상을 기대하기 보다는 단지 감사하고 당연한 마음으로 드리는 것입니다. 이러한 믿음으로 헌금을 할 때에 물질과 함께 마음도 온전히 하나님께 바치는 것입니다. 하나님은 이러한 헌물을 향기로운 제사로 받습니다.

하나님께 드리는 헌금에 관하여 가장 큰 전제는 많이 드릴수록 좋다는 것입니다. 먹고 입는 것을 제외하고는 모두 하나님께 드리는 것이 가장 선하고 좋은 것입니다. 마태복음 6장 20절을 보겠습니다.

"오직 너희를 위하여 보물을 하늘에 쌓아 두라 거기는 좀이나 동록이 해하지 못하며 도둑이 구멍을 뚫지도 못하고 도둑질도 못하느니라" (마 6:20).

돈을 금고나 은행에 보관하지 마십시오. 부동산으로 소유하지 마십시오. 이렇게 하면 좀이나 동록이 해한다고 합니다. 이 말씀은 지폐와 부동산에 녹이 슨다는 의미가 아닙니다. 재물이 결국에 쓸모 없게 된다는 의미입니다. 사는 동안에 재산을 잃을 수도 있습니다. 죽을 때에 가져가지 못하므로 쓸모 없게 됩니다.

그러나 더욱 큰 문제는 이들은 천국에 들어가기 어렵다는 것입니다. 마태복음 19장 23절, 24절을 보겠습니다.

"예수께서 제자들에게 이르시되 내가 진실로 너희에게 이르노니 부자는 천국에 들어가기가 어려우니라" "다시 너희에게 말하노니 낙타가 바늘귀로 들어가는 것이 부자가 하나님의 나라에 들어가는 것보다 쉬우니라 하시니" (마 19:23-24).

아무도 자신의 영혼을 재산과 바꾸고 싶지는 않을 것입니다. 그렇다면 소유를 팔아 하나님께 드리고 예수를 믿는 것이 합당한 것입니다. 예수님의 모든 제자들이 그렇게 하였습니다. 마태복음 19장 27절을 보겠습니다.

"이에 베드로가 대답하여 이르되 보소서 우리가 모든 것을 버리고 주를 따랐사온대 그런즉 우리가 무엇을 얻으리이까" (마 19:27).

이 구절은 모든 소유를 버리고 주를 따랐다는 베드로의 고백인데 여기서 주목할 단어는 "우리가" 입니다. 즉 열 두 제자 모두가 그렇게 하였다는 것입니다.

선지자이며 바울의 동역자였던 바나바도 소유를 팔아 하나님께 드렸습니다. 사도행전 4장 36절, 37절을 보겠습니다.

"구브로에서 난 레위족 사람이 있으니 이름은 요셉이라 사도들이 일컬어 바나바라(번역하면 위로의 아들이라) 하니" "그가 밭이 있으매 팔아 그 값을 가지고 사도들의 발 앞에 두니라" (행 4:36-37).

밭을 판 값을 사도들의 발 앞에 두었다는 것은 자신의 소유를 모두 팔아 헌금한 것입니다. 그런 후에 바울과 함께 사역하였습니다.

열두 사도와 바나바 뿐만 아니라 초대교회 시절에는 모든 성도가 그렇게 믿음 생활을 하였습니다. 사도행전 4장 32절에서 35절까지를 보겠습니다.

"믿는 무리가 한마음과 한 뜻이 되어 모든 물건을 서로 통용하고 자기 재물을 조금이라도 자기 것이라 하는 이가 하나도 없더라" "사도들이 큰 권능으로 주 예수의 부활을 증언하니 무리가 큰 은혜를 받아" "그 중에 가난한 사람이 없으니 이는 밭과 집 있는 자는 팔아 그 판 것의 값을 가져다가" "사도들의 발 앞에 두매 그들이 각 사람의 필요를 따라 나누어 줌이라" (행 4:32-35).

초대교회 시절에도 현대와 마찬가지로 부동산이 개인 재산의 주류를 이루었던 것으로 보입니다. 밭과 집 있는 자가 그것을 팔아 헌금하였습니다. 이들은 재산을 모두 정리하여 헌금한 것입니다. 심지어 땅을 판 값을 속인 아나니아와 삽비라도 판 값의 절반은 바쳤습니다.

초대교회의 성도들은 집을 팔아서 헌금을 하였으므로 집을 소유한 사람이 없었습니다. 이들은 집을 팔아 헌금을 하고 월세집으로 이사한 것입니다. 이처럼 믿는 자들은 집을 소유하지 않고 월세로 살아야 마땅한 것은 성경이 가르치는 것입니다.

그렇다면 이렇게 집과 소유를 팔아 헌금하고 월세집으로 가는 것이 그렇게 어려운 일이겠습니까? 초대교회의 성도들이 모두 행한 일이라면 현대의 믿는 자들도 모두 행할 수 있지 않겠습니까?

소유를 모두 하나님께 드리고 믿음 생활하는 것이 그리 대단한 것이 아닙니다. 당연한 것입니다. 그리고 성경이 강조하여 여러 차례 가르치는 것입니다. 왜냐하면 그렇게 믿음 생활을 하지 않으면 구원받기 어렵기 때문입니다.

구원받는 가장 손 쉬운 방법 중에 하나가 소유를 모두 하나님께 드리고 믿음 생활을 하는 것입니다. 먹고 입는 것 외에는 모든 수입을 하나님께 드리는 믿음 생활을 하는 것입니다. 얼마나 쉽고 간단한 방법인지 모르겠습니다.

그러나 구원받지 못한 사람에게는 이것이 어렵습니다. 그렇게 하는 것이 다른 어떤 일보다 어려운 일로 여겨집니다. 그리하여 하나님께는 인색하고 자신에게는 너그럽고 풍요롭습니다. 자신의 미래를 위하여 저축합니다. 그리하여 결국 자신의 영혼을 스올로 떨어지게 합니다.

많은 믿는 자들이 사도신경을 외우며 신앙을 고백합니다. 그러나 신앙은 사도신경을 읊으며 하는 것이 아닙니다. 진정한 신앙 고백은 자신의 지갑을 여는 것입니다. 금고를 열고 통장을 털어서 고백하는 것이 진정한 신앙 고백입니다.

여기서 잠시 사도신경이 잘 못 된 것이라는 사실에 대하여 설명하 겠습니다. 사도신경은 천주교에서 만든 것인데 미혹하는 주문이 들 어 있습니다.

첫째, 동정녀 마리아라는 표현입니다. 천주교는 마리아가 평생 처 녀로 살다가 승천하였다고 가르칩니다. 그러나 마리아가 예수님의 동생을 최소한 여섯을 낳은 것은 성경에서도 확인이 됩니다. 마태복 음 13장 55절, 56절을 보겠습니다.

> "이는 그 목수의 아들이 아니냐 그 어머니는 마리아, 그 형제들은 야고보,
> 요셉, 시몬, 유다라 하지 않느냐" "그 누이들은 다 우리와 함께 있지 아니
> 하냐 그런즉 이 사람의 이 모든 것이 어디서 났느냐 하고" (마 13:55-56).

아들이 네 명이고 누이들이라는 표현을 보아 딸도 최소한 둘을 낳은 것입니다. 그럼에도 불구하고 천주교는 마리아를 신격화하기 위하여 평생 처녀로 살았다는 엉터리 교리를 만들어 동정녀 마리아 라는 표현을 넣어 놓은 것입니다.

신앙을 고백하는 데 예수님이 마리아의 몸에서 태어났다는 사실 이 무엇이 그리 중요한 것이겠습니까? 그럼에도 불구하고 마리아가 예수를 잉태한 사실을 적어 놓은 것은 마리아를 신성화하려는 천주 교의 미혹입니다.

둘째, 예수님이 빌라도에게 고난을 받고 십자가에 죽으셨다고 한 것도 틀린 것입니다. 예수님은 유대인에게 고난 받고 죽임당했습니 다. 마태복음 16장 21절과 데살로니가전서 2장 15절을 보겠습니다.

"이 때로부터 예수 그리스도께서 자기가 예루살렘에 올라가 장로들과 대제사장들과 서기관들에게 많은 고난을 받고 죽임을 당하고 제삼일에 살아나야 할 것을 제자들에게 비로소 나타내시니" (마 16:21).

"유대인은 주 예수와 선지자들을 죽이고 우리를 쫓아내고 하나님을 기쁘시게 하지 아니하고 모든 사람에게 대적이 되어" (살전 2:15).

이처럼 예수님은 유대인에게 고난 받고 죽임당하였다고 성경에 분명히 기록되어 있습니다. 그러나 사도신경은 빌라도에게 고난을 받아 죽었다고 사실을 왜곡하였습니다.

셋째, 사도신경의 끝 부분에는 거룩한 공회를 믿는다는 표현이 있습니다. 여기서 공회는 로만 가톨릭을 지칭합니다. 즉 로만 가톨릭 교회를 믿는다고 고백을 하도록 해 놓은 것입니다. 참으로 황당하고 참람된 신앙 고백이 아닐 수 없습니다. 아무리 믿을 게 없어도 교회를 믿겠습니까? 여기에도 로만 가톨릭에만 구원이 있다는 천주교의 교리가 숨어 있습니다.

이상으로 살펴본 대로 사도신경은 천주교의 교리를 고백하게 하는 미혹의 주문입니다. 이처럼 천주교에서 나온 것은 제대로 된 것이 하나도 없습니다. 그럼에도 불구하고 많은 교회에서 미혹하는 사설인 사도신경을 신앙을 고백하는 수단으로 중얼거리고 있습니다. 사도신경으로 신앙을 고백하게 하는 교회에서 떠나야 할 것입니다.

지금부터는 헌물을 하나님께 온전히 드리는 의미에 대하여 살펴보겠습니다. 여러분이 모든 소유를 팔아 하나님께 드리고 싶어도 그 헌금을 하늘에 계신 하나님의 손에 직접 전달할 수는 없습니다. 그러므로 믿는 자들은 자신이 섬기는 교회에 헌금하는 방법으로 하나님께 예물을 드립니다.

고대에는 제사장에게 드리는 것이 하나님께 바치는 것이었습니다. 현대에는 교회를 통하여 드리는 것이 일반적이고 바른 방법인 것은 사실입니다. 그러나 교회에 헌금을 하였다고 하나님께 바쳐진 것인지는 따로 결산을 해보아야 알 수 있습니다.

많은 교회들이 하나님께 바쳐진 예물을 하나님이 기뻐하는 용도로 사용하지 않습니다. 하나님의 나라와 의를 구하는 일에는 인색하고 자신들의 욕심과 기쁨을 위하여 풍족하게 사용합니다. 목사의 높은 연봉을 지불하고 교회 건물을 짓는 데 헌금을 사용합니다. 카페를 만드는데 사용합니다. 체육대회 등 믿음 생활과 관계없는 자신들의 잔치에 하나님의 헌물을 사용합니다.

여러분이 하나님께 바쳤다고 여기는 헌금이 이렇게 인간들의 소욕을 채우는 용도로 잘못 사용된다면 그 헌금은 결과적으로 하나님이 받은 것이 아닙니다. 헌금을 어느 곳에 하는 지에 따라 하나님께 바치는 예물이 될 수도 있고 낭비하는 돈이 될 수도 있습니다.

거짓 목사가 있는 교회에 헌금하였다면 그것은 하나님께서 받으신 것이 아닙니다. 이는 바알의 제사장에게 바친 돈은 하나님께 바쳐지지 않은 것과 같은 것입니다. 참 목자가 있는 참 교회를 통해 드릴 때에만 하나님께 온전히 바쳐진 것입니다.

왜냐하면 참 목사는 헌금을 하나님의 선하고 기쁜 뜻대로 사용하기 때문입니다. 그러니 참 목자를 만나는 것은 진리를 바르게 배우기 위하여도 중요하지만 헌금을 하나님께 바르게 드리기 위하여도 중요한 일입니다.

본문 말씀은 배고픈 형제에게 먹을 것을 주지 않고 불쌍하다는 동정심만 보이는 사람을 책망합니다. 부유하게 살면서 헌금을 인색하게 하는 교인들, 가난한 자를 힘써 돕지 않는 교인들은 이 말씀을 들어야 합니다. 찔림을 받고 회개해야 합니다.

집을 소유한 사람들은 팔아서 그 값을 하나님께 바침으로써 회개에 합당한 열매를 맺을 수 있습니다. 지갑을 열지 않는 믿음은 죽은 믿음입니다. 그러한 믿음으로는 천국에 들어가지 못합니다.

믿는 자들이 세상 사람들보다 더 인색하다는 말을 듣지 않아야 합니다. 예수님의 때에 믿지 않는 사람이 믿는 사람보다 더 지갑을 잘 열었던 예화가 있습니다. 누가복음 10장 33절에서 35절까지를 보겠습니다.

"어떤 사마리아 사람은 여행하는 중 거기 이르러 그를 보고 불쌍히 여겨" "가까이 가서 기름과 포도주를 그 상처에 붓고 싸매고 자기 짐승에 태워 주막으로 데리고 가서 돌보아 주니라" "그 이튿날 그가 주막 주인에게 데나리온 둘을 내어 주며 이르되 이 사람을 돌보아 주라 비용이 더 들면 내가 돌아올 때에 갚으리라 하였으니" (눅 10:33-35).

강도를 만나 거의 죽게 된 사람이 있었습니다. 제사장과 레위인은 그 사람을 돕지 않고 지나쳤습니다. 그러나 어떤 사마리아 사람은 지나치지 않고 그 사람을 불쌍히 여겨 도왔습니다. 여기서 불쌍한 사람을 돕지 않고 지나친 제사장은 구제를 게을리하는 교회의 목사에 비유됩니다.

곤경에 처한 사람을 돕지 않고 지나친 레위인은 가난한 자를 돕는 데 인색한 믿는 자들에 비유됩니다. 그리고 사마리아인은 믿지는 않지만 착한 심성을 가진 사람에 비유됩니다.

지금이 예수님의 때와 다르지 않습니다. 목사와 교인들의 마음이 모두 탐심으로 가득 차 있어 가난한 자를 힘써 돕지 않습니다. 헌금에도 인색합니다. 목사들은 헌물을 도둑질하고 있습니다. 이들은 입으로 불쌍하다고 말은 하지만 행하는 믿음, 지갑을 여는 믿음이 없습니다.

이들은 모두 자기의 배 채우기에 급급하면서 지갑을 여는 대신 다른 것으로 하나님을 섬긴다고 말합니다. 이들이 바로 죽어 가는 사람을 못 본체하고 지나친 제사장과 레위인입니다.

사마리아인이 강도 만난 사람을 어떻게 도왔는지 살펴보겠습니다. 기름과 포도주를 상처에 붓고 싸매 주었습니다. 이렇게만 하여도 상당히 도운 것입니다. 그러나 사마리아인은 여기에 그치지 않았습니다. 이 사람을 자기의 짐승에 태워 주막으로 데려갔습니다. 거기에서 돌보아 주었습니다. 이렇게만 하여도 많이 도운 것입니다. 그러나 착한 사마리아인은 주막 주인에게 이 사람을 돌보아 줄 것을 요청하였습니다. 그 비용도 지불하겠다고 하였습니다.

여기서 사마리아 사람이 몸으로 수고한 것은 제외하고 돈이 들어간 것을 정리해보겠습니다. 상처에 부은 포도주와 기름입니다. 그 당시에 적은 가치가 아니었을 것입니다. 숙박비도 지출하였습니다. 다른 사람이 간호해주는 비용까지 지불하였습니다. 자신의 지갑을 열어 도운 것입니다.

여기서 사마리아인이 자신의 돈을 들여 도왔다는 사실은 마음과 물질은 함께 움직인다는 것을 증명합니다. 헌금을 인색하게 하는 사람은 하나님께 마음이 없는 사람입니다. 그러나 이들도 입으로는 하나님을 사랑한다고 말합니다. 그러나 물질이 따르지 않으면 그것은 거짓말입니다. 가증한 것입니다.

마태복음 6장 21절을 보겠습니다.

"네 보물 있는 그 곳에는 네 마음도 있느니라" (마 6:21).

여러분은 보물을 지금 천국에 쌓고 있습니까? 그렇다면 여러분은 천국에 소망을 둔 것이며 결국 천국으로 갈 것입니다. 그러나 보물을 부동산과 은행에 쌓고 있다면 여러분은 이 땅에 소망을 둔 것이니 그 때에 땅에 남겨질 것입니다.

여러분은 언제까지 두 주인을 섬기겠습니까? 마태복음 6장 24절을 보겠습니다.

"한 사람이 두 주인을 섬기지 못할 것이니 혹 이를 미워하고 저를 사랑하거나 혹 이를 중히 여기고 저를 경히 여김이라 너희가 하나님과 재물을 겸하여 섬기지 못하느니라" (마 6:24).

두 주인을 성공적으로 섬기려는 사람들이 많습니다. 그 날에 많은 사람들이 남겨져 애곡을 하게 됩니다. 바로 두 주인을 섬기려던 사람들이 남겨져 애곡하게 되는 것입니다. 부유하게 살면서 구원받기를 소망하던 많은 사람들은 그들이 사랑하는 재물과 함께 땅에 남겨질 것입니다. 지갑을 열어 신앙을 고백하지 않던 수많은 사람들이 그 날에 땅을 치며 이를 갈게 될 것입니다.

그러니 이제 여러분은 더 이상 사도신경을 외우면서 믿음을 고백하지 말고 지갑을 열어 믿음을 고백하기를 아무 것도 소유하지 안았던 우리 주 예수 그리스도의 이름으로 축복합니다.

영혼을 살리는 설교 3
돈과 재산

초판 1쇄 2021년 02월 26일

지은이 다니엘 조
펴낸곳 쉐미니 아쯔렛
이메일 sukkot777@gmail.com
등록 2018. 8. 20 제2018-000081

ISBN 979-11-964731-6-7 03230